BASISWISSEN FIT IM JOB

ERFOLGREICH VERKAUFEN

ROBERT HELLER

Dorling Kindersley

DORLING KINDERSLEY

Lektorat Jane Cooke
Gestaltung Juliette Norsworthy
Art Director Arthur Brown

DTP-Design Jason Little
Herstellung Silvia La Greca

Reihenbetreuung Adèle Hayward
Reihenbildbetreuung Tassy King

Cheflektorat Jonathan Metcalf, Stephanie Jackson
Chefbildlektorat Nigel Duffield

Die Deutsche Bibliothek – CIP-Einheitsaufnahme

Ein Titeldatensatz für diese Publikation ist bei Der Deutschen Bibliothek erhältlich.

Titel der englischen Originalausgabe:
Selling Successfully

Übersetzung Evita Klaiber
Redaktion Michael Holtmann, Tanja Eisenhardt
Satz Verlagsbüro Michael Holtmann, Bayreuth

ISBN 3-8310-0113-8

Besuchen Sie uns im Internet

www.dk.com

INHALT

ERFOLGREICH VERKAUFEN

VERKAUFSTEAMS LEITEN

EINLEITUNG

Effektiver, profitabler Verkauf ist für den Erfolg fast jeder geschäftlichen Unternehmung entscheidend. Ob Sie als Verkäufer direkten Kundenkontakt haben oder Verkaufsleiter sind, der Erfolg Ihrer Verkaufstätigkeit bemisst sich nicht nur danach, wie gut Sie Ihr Produkt kennen, sondern auch danach, ob Sie auf Ihre Kunden eingehen können und ob Sie das nötige Kommunikationsgeschick haben, um das Geschäft unter Dach und Fach zu bringen. Dieses Buch deckt alle Aspekete der Verkaufstätigkeit ab – wie man die richtige Einstellung erlangt, sich organisiert, Bedürfnisse der Kunden erkennt und umsetzt und erforderliche Fähigkeiten wie Präsentations- und Verhandlungsgeschick erwirbt. Es enthält Empfehlungen, wie man ein Verkaufsteam leitet, und bietet 101 weitere praktische Tipps. Ein Test dient schließlich dazu, die eigenen Fähigkeiten festzustellen und zu verbessern.

VERKAUFS-VORBEREITUNGEN

Verkauf ist die Basis jeden Geschäftserfolgs. Legen Sie den Grundstein zu erfolgreichem Verkauf, indem Sie langfristig orientierten Methoden folgen und wesentliche persönliche Fähigkeiten entwickeln.

ERFOLG ANSTREBEN

Von einem wirklich erfolgreichen Verkauf profitiert jeder. Gute Verkäufer handeln gute Geschäfte für ihre Kunden aus, schlechte Verkäufer nur für sich selbst. Haben Kunden das Gefühl, einen guten Deal gemacht zu haben, sind sie zufrieden und werden eher wieder kommen.

Gewandte Verkaufsleiter berücksichtigen den langfristigen Nutzen von Verkäufen.

WIN-WIN-SITUATION

Eine echte Win-Win-Situation besteht darin,

- einen zufriedenen Kunden zu schaffen und
- respektable Gewinne für das Unternehmen zu erzielen.

Der Grad der Zufriedenheit hängt von der Qualität des angebotenen und gelieferten Verkaufsgegenstands ab. Die Verkaufsleistung wird normalerweise allein nach dem Absatzvolumen bewertet, das einfach zu ermitteln ist, jedoch ein völlig unrealistisches Bild ergibt, wenn z. B. der Verkäufer Rabatte oder Verkaufsbedingungen anbietet, durch die bestimmte Verkäufe unrentabel werden.

PARTNERSCHAFT MIT KUNDEN

Die Beziehung, die am ehesten eine Win-Win-Situation erlaubt, ist eine Partnerschaft mit den Zulieferern. Viele Unternehmen machen die meisten oder alle Geschäfte mit ein oder zwei Zulieferern, mit denen sie eng zusammenarbeiten. Die Früchte dieser Zusammenarbeit werden zwischen den beiden Parteien geteilt. Um solch eine Partnerschaft einzugehen, müssen Sie Zeit und Mühe investieren, damit Sie den unterschiedlichen Bedürfnissen gerecht werden. Sie müssen den Geschäftsplan koordinieren und im Hinblick auf Forschung und Entwicklung kooperieren. Dies funktioniert am besten, wenn die Macht zwischen beiden Parteien ungefähr gleich verteilt ist.

Der Verkäufer agiert in beiderseitigem Interesse.

Der Kunde erhält das Produkt bzw. die Dienstleistung, die er möchte.

1 Finden Sie so früh wie möglich heraus, was der Kunde wirklich will.

Ein Verkäufer handelt ein Geschäft aus, von dem er bzw. sein Unternehmen profitiert.

↓

Der Kunde merkt, dass das Preis-Leistungs-Verhältnis nicht stimmt.

↓

Das Geschäft kommt nicht zustande.

NO-WIN-SITUATION

Ein Verkäufer, der nur auf Geschäfte zugunsten seines Unternehmens und zuungunsten des Kunden erpicht ist, wird nicht in den Genuss des Nutzens kommen, den ein langfristiger Geschäftskontakt bietet.

WIN-WIN-SITUATION

Der ideale Verkäufer sorgt mithilfe der Verkaufsleitung für die Zufriedenheit des Kunden, damit die Geschäftsbeziehung fortbesteht.

SELBSTVERTRAUEN GEWINNEN

Verkauf hat manchmal auch etwas von Konfrontation an sich. Daher finden viele Verkäufer diese Tätigkeit schwierig oder nervenaufreibend. Wandeln Sie Ihre Ängste einfach in positives Erfolgsstreben um, und Sie werten Verkauf als positive Erfahrung.

2 Ihr Kontakt zu potenziellen Kunden muss stets auf Verkauf gerichtet sein.

◀ LANGSAM SPRECHEN
Drücken Sie sich deutlich und prägnant aus, und sprechen Sie langsam.

KLARE PRÄSENTATION

Sind Sie nervös, besteht die Gefahr, dass Sie Ihre Argumentation zu schnell präsentieren. Gehen Sie mit positiven Erwartungen an das Verkaufsgespräch heran, und nehmen Sie sich Zeit. Formulieren Sie klar und überzeugend. Achten Sie auf die Körpersprache Ihres Gegenübers, und stellen Sie entsprechende Fragen, ob Ihre Message angekommen ist. Gehen Sie, wenn nötig, eher langsam vor, und haben Sie keine Angst vor längeren Pausen.

TESTEN SIE IHR SELBSTVERTRAUEN

Antworten Sie mit »richtig« oder »falsch«:

- Ich lasse mich von niemandem beeinflussen.
- Ich kann mich beherrschen.
- Ich kann mich selbst motivieren.
- Ich brauche keine Bestätigung durch andere.
- Ich folge meinen eigenen Verhaltensnormen.
- Ich beklage mich nicht, wenn nicht alles klappt.
- Ich habe ein ausgeprägtes Selbstwertgefühl.
- Ich bin unabhängig.
- Ich wälze Schuld nicht auf andere ab.
- Ich mache mir keine Sorgen um die Zukunft.
- Ich bin schnell entschlossen.
- Ich bin nicht leicht zu verärgern.
- Ich lerne aus meinen Fehlern.
- Ich behandle andere so, wie ich behandelt werden möchte.

Alle Fragen sollten mit »richtig« beantwortet werden. Wenn nicht, arbeiten Sie so lange daran, bis Sie die Fragen positiv beantworten können.

DIE RICHTIGE AUSSTRAHLUNG

Äußere Erscheinung und Verhalten wirken sich auf das Vertrauen beider Verhandlungspartner aus. Kleiden Sie sich mit Sorgfalt, und beachten Sie, dass ein gut gebügelter Anzug oder ein tadelloses Outfit einen guten Eindruck auf den Kunden macht. Auch korrekte Haltung, direkter Augenkontakt, fester Händedruck und exzellente Manieren wirken positiv. Verlassen Sie sich jedoch nicht auf Äußeres oder Ihre Persönlichkeit, um mangelhafte Vorbereitung oder Kenntnisse wettzumachen. Wer Ignoranz und mangelhafte Vorbereitung überspielt, vermittelt Unsicherheit, die das Selbstvertrauen untergräbt.

UNGEPFLEGT

SMART

SO WÄRE ES IDEAL ▶
Bemühen Sie sich, stets gepflegt und sympathisch zu erscheinen.

> **3** Lassen Sie andere Ihr Erscheinungsbild und Ihre Ausstrahlung beurteilen.

MIT ABLEHNUNG UMGEHEN KÖNNEN

Das Risiko, nicht anzukommen, ist immer demotivierend. Selbstbewusstsein zu erlangen heißt zuallererst, sich klar zu machen, dass Berührungsängste kontraproduktiv und unbegründet sind. Schließlich ist das, was Sie von sich halten, wichtiger als das, was andere von Ihnen halten. Machen Sie sich klar, dass niemand Sie persönlich ablehnt, sondern nur von seinem Recht Gebrauch macht, ein Angebot abzulehnen. Denken Sie immer daran, dass nicht Sie, sondern die Kunden etwas verpasst haben.

> **4** Solange Sie sich selbst nicht vertrauen, können auch andere Ihnen nicht vertrauen.

> **5** Dokumentieren Sie Ihre Präsentation, und korrigieren Sie alle Fehler.

DIE EIGENE FORTBILDUNG ORGANISIEREN

Die besten Verkäufer streben meist unermüdlich danach, sich mithilfe von Büchern, Kassetten, Videos, CD-ROMs und Seminaren zu verbessern. Sie wissen, dass persönliche und berufliche Weiterbildung das A und O für eine erfolgreiche Karriere sind.

6 Machen Sie durch Bücher und Kurse spezifische und messbare Fortschritte.

Videos

Business- und Management-Literatur

Kassetten zur Fortbildung

Multimediale Kurse

HORIZONT ERWEITERN

Professionell sein heißt, über umfassende und neueste Kenntnisse bezüglich der Methodik und Praxis zu verfügen. Literatur, CD-ROM-Kurse, Videos über Verkaufspraktiken und Techniken zu allen möglichen Verkaufstätigkeiten sind überall erhältlich. Diese »Lernmaterialien« sind genauso wichtig wie spezifische Produkt- oder Unternehmensinformationen. Allgemeine Literatur über Business und Management vermittelt das notwendige Hintergrundwissen und enthält Berichte, die den Erfolg von effektiven Verkäufern und Unternehmen dokumentieren. Sie vermittelt sowohl Fakten als auch Anregungen.

▲ EINEN SCHRITT VORAUS

Erfolg basiert auf Wissen. Sie müssen so viel wissen wie der Kunde, wenn nicht sogar noch mehr, um eine ebenbürtige Geschäftsbeziehung aufzubauen.

7 Überprüfen Sie Ihre Fortschritte regelmäßig, und wenden Sie erworbene Fähigkeiten an.

WAS DER MEISTERVERKÄUFER EMPFIEHLT

Die zehn Gebote der Kundenbetreuung aus dem Buch *Kunden fürs Leben* von Starautoverkäufer Carl Sewell:

- Fragen Sie die Kunden nach ihren Wünschen, und erfüllen Sie diese wieder und immer wieder.
- Nutzen Sie Systeme, die sicherstellen, dass Sie den Job ein für alle Mal richtig machen.
- Weniger versprechen und mehr halten.
- Der Kunde hat immer Recht.
- Geben Sie jedem Mitarbeiter mit direktem Kundenkontakt die Erlaubnis, Reklamationen zu regeln.
- Keine Reklamationen? Dann kann etwas nicht stimmen.
- Versehen Sie alles mit genauen Angaben.
- Mitarbeiter wie Geschäftspartner bezahlen.
- Behandeln Sie jeden respektvoll.
- Lernen Sie die besten Verkaufspraktiken, wenden Sie diese an, und verbessern Sie sie.

DIE FÄHIGKEITEN VERBESSERN

Es gibt nichts, was durch Schulung nicht verbessert werden könnte, das meiste sogar autodidaktisch. Jeder Verkäufer kann wesentliche persönliche Fähigkeiten (siehe unten) erheblich verbessern. Konzentrieren Sie sich so intensiv wie möglich auf jede einzelne Fähigkeit, und versuchen Sie, diese zu verbessern. Erstellen Sie einen persönlichen Fortbildungsplan mit Zeitplan, Literaturliste, Kursplan und gegebenenfalls Zielen, um das gewünschte Leistungsniveau zu erreichen. Sind diese Ziele erreicht, setzen Sie sich die nächsten.

8 **Probieren Sie bei Verkaufsmaximen aus, ob sie geeignet für Sie sind.**

9 **Teilen Sie den anderen mit, wie Sie sich fortbilden, das weckt Interesse.**

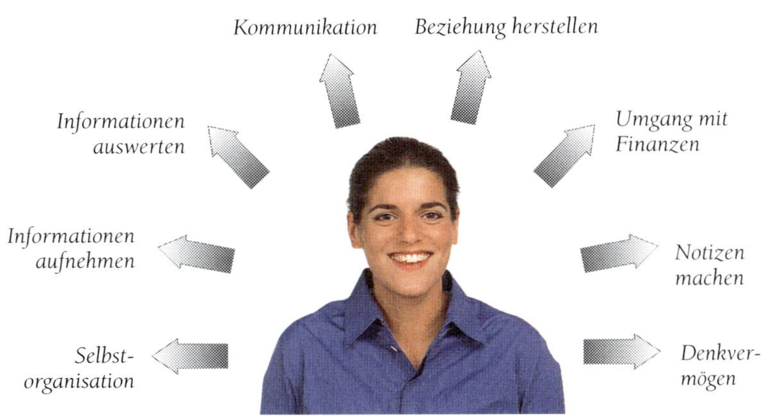

◀ **SICH SELBST AUSBILDEN**
Verbessern Sie Ihre Chancen beim Verkauf, indem Sie lernen, Ihre Zeit effektiver zu nutzen (inklusive Schnelllesen und Steno). Erwerben Sie auch Kenntnisse in Rechnungswesen, Konfliktbewältigung, und schulen Sie Erinnerungsvermögen und Kreativität.

SICH ORGANISIEREN

Verkauf orientiert sich an konkreten Unternehmenszielen und muss organisiert werden, um deren Verwirklichung zu dienen. Wenn Sie Ihre Geschäftsunterlagen und Organisation klar strukturieren und Ihre Zeit effektiv nutzen, erreichen Sie Ihre Ziele leichter.

10 Kontrollieren Sie alle Schreibarbeit genau, und reduzieren Sie so viel wie möglich.

SCHREIBARBEIT REDUZIEREN

Verkaufsabteilungen produzieren massenweise Papierkram. Steuern Sie dieser Tendenz aus zwei Gründen entgegen: Schreibarbeit ist für die meisten Verkäufer ein rotes Tuch; viel davon ist ohnehin überflüssig. Insbesondere Besuchsberichte können 10 Prozent der Zeit eines Verkäufers beanspruchen, ohne den Verkauf im Mindesten qualitativ oder quantitativ zu steigern. Setzen Sie sich dafür ein, dass die Zahl der Formulare auf ein Minimum reduziert und der Inhalt weitestmöglich vereinfacht wird. Sie können auch alle Formulare abschaffen und dann nur die wieder einführen, die dringend benötigt werden. Denken Sie daran, dass eine gute Planung vorab mehr bringt als ein subjektiver Kundenbericht.

▲ **AUFGABEN DELEGIEREN**
Delegieren Sie Aufgaben, z. B. Ablage, um Mitarbeiter zu entlasten und um sich auf produktivere Tätigkeiten konzentrieren zu können.

11 Halten Sie sich einen Vormittag frei, um Liegengebliebenes aufzuarbeiten.

SYSTEME VERBESSERN

Nutzen Sie PCs so oft wie möglich. Sie können Daten so besser aktualisieren, verwalten und sie leichter übertragen als mit herkömmlichen Methoden. Erstellen Sie Masken bzw. Formulare, die zu Ihrer Information nützlich sind. Nur mithilfe von präzisen Daten können Sie Ihre Leistung verbessern und Geschäftsergebnisse optimieren.

ZEITPLAN BENUTZEN

Ein Zeitplan soll Ihnen helfen, Ihre Zeit besser zu nutzen. Listen Sie Ihre Tätigkeiten und deren jeweilige Dauer täglich über einen Zeitraum von 14 Tagen bzw. drei Wochen auf. Sie werden staunen, wie viele Aufgaben sich im Rückblick als unnötig erweisen. Notieren Sie, welche Tätigkeiten nur von Ihnen selbst erledigt werden, welche delegiert werden können und welche völlig redundant sind. Wurden letztere von Vorgesetzten angeordnet, besprechen Sie die Angelegenheit mit den Betroffenen. Zeit ist Ihr wichtigstes Kapital und darf nicht verschwendet werden. Haben Sie Vorhaben klar strukturiert, die nur Sie erledigen können, teilen Sie sich die restliche Zeit entsprechend ein.

Zeit	Tätigkeit
9.00–9.30	*Post, Faxe und E-Mails durchgesehen*
9.30–10.00	*Alle E-Mails inklusive drei persönliche beantwortet*
10.00–10.30	*Neuen Mitarbeiter dem Verkaufsteam vorgestellt*
10.30–11.00	*Mit Norman über das bestellte Computerzubehör gesprochen*
11.00–11.30	*Mit Personalabteilung über Mutterschaftsurlaub von June gesprochen*
11.30–12.00	*Nachfassanrufe mit fünf Stammkunden durchgeführt*
12.00–12.30	*Wöchentliches Verkaufsmeeting abgehalten*
12.30–1.00	*Weitere Verkaufsgespräche getätigt*
1.00–1.30	

▲ TÄTIGKEITEN DOKUMENTIEREN
Teilen Sie den Plan in 60- bzw. 30-minütige Abschnitte ein, und notieren Sie genau, was Sie jeden Tag gemacht haben. Stellen Sie fest, wofür Zeit verloren ging.

12 Planen Sie Tage täglich, Monate monatlich und Jahre jährlich.

KULTURELLE UNTERSCHIEDE

Zeit hat von Land zu Land unterschiedliche Prioritäten. Die Deutschen mögen keine Unterbrechungen oder kurzfristige Änderungen. Die Franzosen arbeiten lange, weil sie gern lange Mittag machen. Briten arbeiten am längsten in Europa, und Amerikaner gehen mit ihrer Zeit am geizigsten um.

ZIELE SETZEN

Ein Topverkäufer hatte sich täglich vier Kundenbesuche, vier Telefonate und vier Briefe vorgenommen. Davon sollte sich wirklich jeder eine Scheibe abschneiden. Überlegen Sie, was Sie innerhalb eines Tages, Monats, Jahres erreichen wollen. Wenn Sie diese Ziele immer im Auge behalten, können Sie es auch einrichten, dass genügend Zeit für jedes Ziel zur Verfügung steht. Falls jeden Tag Ziele unerreicht bleiben, prüfen Sie, wie Sie Ihre Zeit genutzt haben. Natürlich reduzieren unwichtige Aktivitäten die Zeit, die Sie effektiver nutzen könnten.

NEUE TECHNOLOGIEN NUTZEN

Mit dem Cyberspace haben Verkauf und Marketing eine neue Dimension erreicht. Laptops und Mobiltelefone, um nur zwei zu nennen, sind zu unentbehrlichen Verkaufsinstrumenten geworden.

13 Kontaktieren Sie die Leute per Telefon, Fax oder E-Mail und sparen Sie sich Besuche.

MOBILITÄT AUSNUTZEN

Die Fortschritte in der Telekommunikation haben den mobilen Verkäufer geschaffen. Ein unmittelbarer Nutzen, abgesehen von geringeren Verkaufsfixkosten, ist, dass der Verkäufer nicht mehr jeden Tag sein Büro aufsuchen muss. Verkaufsberichte gelangen direkt ins Netzwerk, was wiederum mehr Zeit für den Verkauf bringt. Persönliche Gespräche, u.a. in Form von Videokonferenzen, bleiben nach wie vor wichtig, können jedoch je nach Bedarf abgehalten werden.

Per Handy können Sie Ihre Kunden von überall aus erreichen.

Mit dem Laptop kann der Verkäufer quasi überall arbeiten.

MODERNES VERKAUFEN ▶
Der Nutzen von Laptops und Handys ist erheblich, dadurch können Verkäufer ihre Zeit noch effektiver nutzen.

LAPTOPS

Laptops und elektronische Terminplaner haben die wichtigsten Bereiche des Verkaufs revolutioniert. Gut ausgestattete Verkäufer bringen ein ganzes Büro in ihrer Brieftasche unter und sind mit der Verkaufszentrale vernetzt. So können Fragen der Kunden quasi per Mausklick beantwortet werden. Bereits während des Verkaufsgesprächs können ein potenzieller Auftrag eingegeben, Verfügbarkeit, Lieferung und Preis abgecheckt werden. Wird der Verkauf abgeschlossen, können Details zur Prüfung unmittelbar ins Unternehmensnetzwerk eingegeben werden.

NICHT VERGESSEN

- Eine Website sollte mit den Augen des Kunden betrachtet werden.
- Die Information, die der Kunde benötigt, sollte den Inhalt der Website bestimmen.
- Dritte, deren Urteil Sie vertrauen, können konstruktive Kritik zu Ihrer Website üben.
- Alle Online-Anfragen sollte man innerhalb 24 Stunden beantworten.

ONLINE ARBEITEN

Das Internet ist wohl das größte Verkaufsmedium aller Zeiten. Jedes Unternehmen kann über eine Website Werbung machen, und Verkäufer können ihre eigenen Seiten erstellen. Über manche kann man sogar bestellen, bezahlen und Anfragen durchführen, ohne auch nur mit einem einzigen Verkäufer direkt gesprochen zu haben. Unternehmen jeder Größenordnung bieten Softwarepakete für Interneteinsteiger. Ein Unternehmen kann sich seine Seiten individuell erstellen und aktualisieren lassen oder angeleitet werden und die Webseiten selbst erstellen.

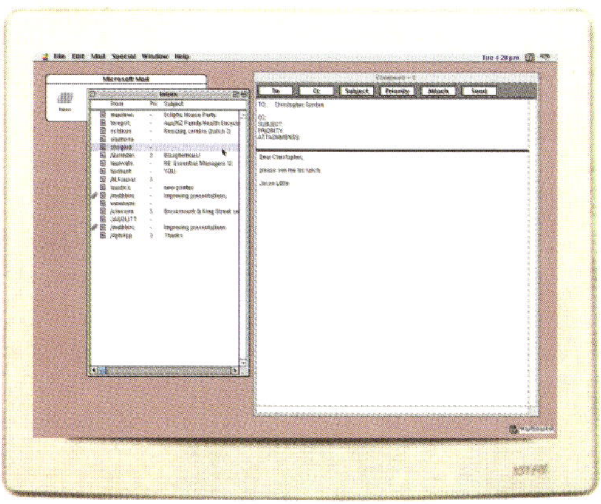

14 Websites sollten nützlich und benutzerfreundlich sein.

VERKAUF PER E-MAIL
Unaufgeforderte E-Mails können aufdringlich wirken. Wählen Sie potenzielle Kunden für diese Art von Marketing sorgfältig aus.

MIT E-MAIL UND FAX

E-Mail spart im Vergleich zum Fax Kosten und bietet mehr Komfort. Faxe werden jedoch immer noch häufig verwendet, sowohl mittels Faxgeräten als auch Computern. E-Mail hat den Vorteil, dass der Text vom Empfänger bearbeitet werden kann, Faxe eignen sich eher, Verträge bzw. andere rechtsverbindliche Texte zu versenden, die unterzeichnet werden müssen. Der primäre Vorteil der E-Mail ist gleichzeitig auch ihr größter Nachteil – da einfach zu handhaben, wird sie relativ wahllos genutzt. Halten Sie daher Ihre Kollegen an, nur wirklich wichtige Nachrichten zu schicken.

15 Setzen Sie Kritik an Ihrer Website in die Tat um.

16 Nutzen Sie E-Mail überwiegend geschäftlich, weniger privat.

UMGANG MIT KUNDEN

Auf Kunden eingehen zu können ist der Schlüssel zu höherem Absatzvolumen. Beschaffen Sie sich Informationen über potenzielle Kunden, stellen Sie noch mehr Kundenkontakte her, und pflegen Sie diese.

SICH AUF VERSCHIEDENE KUNDEN EINSTELLEN

Das Kaufverhalten der Leute hängt von vielen Faktoren ab, nicht nur von wettbewerbsfähigen Preisen, wie man annehmen mag. Behalten Sie die mannigfaltigen Bedürfnisse der Kunden im Auge, gehen Sie jedoch auf individuelle Wünsche besonders ein.

17 Betrachten Sie Kunden als Verbündete, nicht als Kontrahenten.

18 Recherchieren Sie Kundenbedürfnisse exakt, reagieren Sie auf die Ergebnisse.

BEWUSSTSEIN ENTWICKELN

Die Bedürfnisse der Kunden verändern sich mit der Zeit. Sie sollten Kunden zwar nicht in bestimmte Schubladen einordnen, es gibt jedoch verschiedene Kundentypen, die auf ganz bestimmte Produkte und Verkaufstechniken ansprechen. Erstellen Sie ein Kundenprofil, um genau das zu bieten, was die Kunden wünschen. Wenn Sie den Kunden das Gefühl geben, Ihnen genau das zu bieten, was sie wirklich wollen, werden sie bei Ihnen kaufen.

MOTIVE ERKENNEN

Versuchen Sie, Ihre Verkaufsstrategie auf Beweggründe und Umstände des Kunden abzustimmen. Kunden sind empfänglich, wenn man Ihnen eine Lösung für dringende Probleme bietet oder den Geschäftserfolg steigert. Es gibt auch Kunden, die nach Sicherheit, Garantien oder Zuverlässigkeit suchen. Angepasstere Kunden werden das kaufen, was alle anderen kaufen, Individualisten dagegen möchten unbedingt das Beste, das auf dem Markt ist. Wiederum andere Kunden lassen sich auf ein Verkaufsgespräch gar nicht erst ein, egal, wie groß der Nutzen für sie sein könnte. In diesen Fällen sollten Sie weder Zeit noch Engagement investieren.

19 Was dem Kunden wichtig ist, muss nicht unbedingt auch Ihnen wichtig sein.

20 Was Sie dem Kunden versprechen, müssen Sie auch halten.

SICH AUF DIE POSITION DES KUNDEN BEZIEHEN

POSITION	ANZEICHEN	PROGNOSE
WILL MEHR Der Kunde stellt eine Diskrepanz zwischen bestehendem und gewünschtem Geschäftserfolg fest.	Er verwendet typische Begriffe wie »mehr«, »besser« und »verbessern«. Diese Person ist für ein Angebot empfänglich.	Verkaufserfolg ist so gut wie sicher, wenn Sie ihm zeigen, dass Sie diese Diskrepanz beseitigen können.
UNENTSCHLOSSEN Der Kunde weiß, dass eine Diskrepanz zwischen Ist- und Soll-Zustand besteht.	Er will dies nicht direkt zugeben, ist jedoch bereit, über damit zusammenhängende Probleme zu sprechen.	Ein Traumkunde, wenn Sie die Diskrepanz wirklich beseitigen können. Dieser Kunde ergreift jedes Angebot beim Schopfe.
AUSGEGLICHEN Der Kunde hält die bestehende Situation für akzeptabel, möchte an sich gar nichts anderes.	Typisch für ihn: »Warum in die Ferne schweifen …« Ihr Angebot ist eher eine Bedrohung als eine Gelegenheit.	Könnte je nach Situation oder Überredungsgeschick zu Typ 1 oder Typ 2 werden – in jedem Fall ein schwieriger Kunde.
RUNDUM ZUFRIEDEN Dieser Käufer ist mit seinem Erfolg zufrieden, lehnt Wandel völlig ab, könnte sich jedoch irren.	Legt dar, dass »die Geschäfte besser denn je laufen« und jede Veränderung dies nur beeinträchtigen würde.	Es wird wahrscheinlich sehr schwierig werden, aber wenn Sie es nicht versuchen, erreichen Sie gar nichts.

POTENZIELLE KUNDEN FINDEN

Ob Sie dem richtigen Kunden das richtige Angebot im richtigen Moment machen, darf nicht dem Zufall überlassen werden. Recherchieren Sie über Ihre Kunden und deren Unternehmen, bevor Sie auf sie zugehen, um ihnen ein Angebot zu unterbreiten.

21 Behandeln Sie neue und bestehende Kunden mit gleicher Sorgfalt.

22 Sparen Sie Zeit, indem Sie Ihre Verkaufsbemühungen vorplanen.

VERKAUFSAUSSICHTEN RICHTIG EINSCHÄTZEN

Unerfahrene Verkäufer meinen oft, dass bei Neukunden die besten Verkaufsaussichten gegeben seien. Es sind jedoch die vorhandenen Kunden, die den besten Absatz versprechen, gefolgt von ehemaligen Kunden, die sich geschäftlich verbessert haben. Es ist falsch, in jedem einen potenziellen Kunden zu sehen. Sie brauchen geeignete Kaufanwärter oder welche, die von der Marktforschung als solche ermittelt wurden. Diese sind auch der Konkurrenz bekannt, es besteht also starker Wettbewerb.

ORIENTIERUNGSHILFEN ▼

Die Pfeile zeigen auf potenzielle Kunden. Prüfen Sie jede Angabe, erstellen Sie eine Liste mit Personen, die auf Ihr Produkt bzw. Dienstleistung am besten ansprechen, und richten Sie Ihre Verkaufsbemühungen auf sie.

KÄUFER ANVISIEREN

Verkäufer können viel Zeit verlieren, wenn sie mit Leuten verhandeln, die nicht über das entsprechende Budget verfügen oder nicht befugt sind, ein Angebot anzunehmen. Leider wird oft mit Vertretern zu niederer Hierarchien verhandelt, weil der Verkäufer sich scheut, mit Vorgesetzten direkt zu verhandeln, oder versäumt hat, die entscheidungsbefugte Person ausfindig zu machen. Selbst wenn Sie diese Person kennen, kann es schwierig sein, an sie heranzukommen. Bleiben Sie am Ball. Sehen Sie wirklich gute Absatzchancen, kann es die Mühe durchaus wert sein.

23 Nehmen Sie sich Zeit, den entscheidungsbefugten Ansprechpartner zu finden.

KONTAKT HERSTELLEN

Stellen Sie unbedingt Kontakt mit der Person her, die Käufe tätigen kann. Bei vorhandenen und ehemaligen Kunden ist dies besonders wichtig, da sie die besten Absatzchancen versprechen.

KUNDENKONTAKTE

Erstellen Sie eine Liste mit sorgfältig ausgewählten potenziellen Neukunden.

↓

Überprüfen Sie Namen und Funktion Ihres Ansprechpartners nochmals.

↓

Knüpfen Sie erste Kontakte per Telefon, durch Anschreiben oder beides.

↓

Bestätigen Sie Vorschläge und Besuchstermine schriftlich.

INFORMATIONEN ÜBER KUNDEN

Von Ihrem Schreibtisch aus können Sie sich unzählige Informationen über potenzielle Kunden beschaffen. Nehmen Sie sich die Zeit, sich auf deren Bedürfnisse und Vorstellungen einzustellen und gleichzeitig Anreize zu bieten, die Ihren Absatz steigern.

24 Je enger der Kontakt zum Kunden, desto besser die Verkaufsmöglichkeiten

WICHTIGE FRAGEN

F Warum soll der Kunde gerade bei mir kaufen?

F An welchem speziellen Angebot könnte der Kunde besonders interessiert sein?

F Warum sind unser Unternehmen und unser Produkt/Dienstleistung die bessere oder beste Wahl für den Kunden?

RECHERCHEN ANSTELLEN

Es gibt wichtige Fragen, die Sie sich bezüglich potenzieller Kunden von Beginn an stellen sollten. Notieren Sie sich auch, wo Sie die entsprechende Information finden können, z. B. in Ihren Unterlagen, auf bestimmten Websites oder durch persönliche Kontakte, um die Recherche Zeit sparend durchzuführen. Vergegenwärtigen Sie sich die Leistungen Ihres Unternehmens, das Angebot und den Wettbewerb, in dem Sie wie auch die Kunden stehen.

»KILLER-GELEGENHEITEN« FINDEN

Checken Sie Bedürfnisse und Wünsche Ihrer Kunden, um so genannte Killer-Gelegenheiten ausfindig zu machen, von denen sie ganz begeistert sein werden. Versuchen Sie das Produkt bzw. die Dienstleistung mit so vielen Wettbewerbsvorteilen anzubieten, dass es unschlagbar ist. Solche Güter oder Leistungen, auch als »Killer-Applikationen« bekannt, entstammen der Informationstechnologie und bezeichneten ursprünglich Softwareapplikationen, die so gefragt waren, dass sich die Leute dafür sogar extra neue PCs anschafften. Führen Sie entsprechende Beispiele aus anderen Branchen an, um den Kunden für etwas so Fantastisches zu gewinnen.

BEDÜRFNISSE ERKENNEN

Mit profunden Kenntnissen über die geschäftlichen Aktivitäten und Anforderungen des Kunden schaffen Sie die beste Vorausetzung, den Abschluss perfekt zu machen. Streichen Sie die folgenden Punkte heraus, wenn diese seinen Bedürfnissen entsprechen:

- Verbesserte Leistung und bessere Ergebnisse
- Ein neues Produkt bzw. eine neue Dienstleistung, die von erheblichem Nutzen ist
- Vorteilhaftes Preis-Leistungs-Verhältnis
- Gelegenheit für den Kunden, seine Position im Unternehmen zu festigen
- Ein Problem bzw. Engpass kann beseitigt werden.
- Wettbewerber herausfordern bzw. überbieten.

25 Die beste Informationsquelle bezüglich des Kunden ist der Kunde selbst.

26 Denken Sie immer daran: Der Kunde ist Ihr höchstes Gut.

27 Konzentrieren Sie sich auf das, was Ihr Unternehmen wirklich bieten kann.

ABSATZ STEIGERN

Beziehen Sie in Ihre Kundenrecherche alles mit ein, was Sie ihm zusätzlich und zukünftig verkaufen könnten. Der Verkauf eines kompletten Systems aus Einzelkomponenten ist z. B. lukrativer als der Verkauf einer einzelnen Komponente. Erweitern Sie die Perspektive über das zur Debatte stehende Produkt und seine Merkmale hinaus, dann können Sie auch Ihr Verkaufsangebot erweitern.

KENNEN SIE IHREN KUNDEN WIRKLICH?

Es ist wesentlich leichter, das eigene Produkt als den Kunden durch und durch zu kennen. Verwenden Sie folgende Aussagen als eine Art Checkliste. Stimmen Sie Ihre Verkaufsstrategie auf die gewonnenen Erkenntnisse ab.

„Ich weiß hinreichend über mein Produkt und meine Kunden Bescheid.“

„Ich weiß, was der Kunde kaufen und was ich verkaufen möchte.“

„Ich habe analysiert, wer Kaufentscheidungen macht oder beeinflusst, und kann dies nutzen.“

„Ich kann die jetzige und zukünftige Geschäftslage meines Kunden in Bezug auf Profit einschätzen.“

EFFEKTIV KOMMUNIZIEREN

Ziel der Kommunikation mit dem Kunden ist natürlich der Verkauf. Ein Verkaufsgespräch sollte zu zufrieden stellenden Ergebnissen auf beiden Seiten führen. Offenheit und Ehrlichkeit sind hierzu der Schlüssel.

28 Passen Sie die Kommunikation dem Kunden an.

OFFENHEIT

Wenn Sie selbstbewusst auftreten, hat der Kunde auch Vertrauen zu Ihnen. Wenn Sie eine Beziehung zu ihm aufbauen, sind Augenkontakt und Körpersprache sehr wichtig. Lächeln Sie, und bemühen Sie sich um entgegenkommende Gestik. Achten Sie darauf, wie er mit seiner Körpersprache reagiert, und modifizieren Sie Ihr Verhalten entsprechend. Stellen Sie Fragen, und hören Sie zu, anstatt ihn an die Wand zu reden, und merken Sie sich Einwände oder ablehnende Reaktionen; sie erlauben Rückschlüsse auf seine Bedürfnisse.

29 Keine Angst vor längeren Pausen, nutzen Sie sie, um Ihre Gedanken zu ordnen.

Geöffnete Arme zeigen Aufgeschlossenheit.

Körpersprache bleibt während des Gesprächs stets positiv.

POSITIV SEIN ▶

Seien Sie positiv und ehrlich; lehnen Sie sich nach vorn, halten Sie Augenkontakt, bekräftigen Sie wichtige Aussagen mit Handbewegungen.

KOMMUNIKATIONSTECHNIKEN ANWENDEN

TECHNIKEN	UMSETZUNG
EINFÜHLUNGSVERMÖGEN Versetzen Sie sich in die Lage des Kunden, um die Dinge aus seiner Perspektive sehen zu können.	• Versuchen Sie auf ehrliche und direkte Art so viel wie möglich über den Kunden zu erfahren. • Stellen Sie Fragen, um Offenheit zu fördern. • Signalisieren Sie Aufmerksamkeit durch Ihre Haltung, nicken oder verbalisieren Sie Zustimmung.
RECHERCHE Ermitteln Sie auch Informationen aus dem Umfeld des Kunden, um seine Einstellung nachvollziehen zu können.	• Stellen Sie »offene Fragen«, um so viel Information wie möglich zu erhalten. • Konzentrieren Sie sich darauf, Fakten zu erhalten. • Hören Sie aufmerksam zu, damit Sie den Kunden besser verstehen können.
SYNTHESE Bemühen Sie sich, auftretende Konflikte zu lösen und das Gespräch zum gewünschten Ziel zu führen.	• Versuchen Sie, Ihr Gegenüber mit Ihren Aussagen zu konstruktiven Antworten zu bewegen. • Ihre Antworten sollen dem Kunden zeigen, dass Sie seine Meinung respektieren und sich nach ihm richten.
NEUROLINGUISTISCHE PROGRAMMIERUNG (NLP) Durch diese Technik soll eine harmonische Konversation mit dem Kunden erreicht werden.	• Passen Sie beim Zuhören Ihre Äußerungen und Körpersprache dem Kunden an. • Reflektieren Sie seine Sprachbilder, Redewendungen, Haltung und Gestik, und verzichten Sie auf alles, was kontraproduktiv wirken könnte.
KÖRPERSPRACHE Ihre Körpersprache sollte positiv sein, damit der Kunde sich leichter von Ihnen überzeugen lässt und Verpflichtungen eingeht.	• Ihre Haltung sollte offen sein – die Arme locker, Körper nach vorn, Kopf leicht gebeugt, aber nicht zu locker. Halten Sie Augenkontakt, und lächeln Sie. • Reagieren Sie auf Nervosität oder ablehnende Haltung des Kunden mit beruhigenden Gesten.
ENTSCHIEDEN REAGIEREN Durch direkte Reaktion auf Bedenken und Fragen zeigen Sie, dass Sie Ihren Gesprächspartner verstanden haben.	• Versuchen Sie, eventuelle Vorbehalte auch zwischen den Zeilen zu erkennen und zu entkräften. • Reagieren Sie umgehend auf Anfragen: Können Sie ihnen nicht sofort nachkommen, erklären Sie, warum und wann der Kunde damit rechnen kann.

KUNDEN MOTIVIEREN

Um einen Neukunden zu gewinnen, muss man seine Motivation ergründen. Dies ist einfacher, wenn er freundlich und informativ ist. Zeigt er von Anfang an eine gewisse Ablehnung, müssen Sie alles tun, diese Mauer zu überwinden. Es gibt zwei Verhaltensweisen, um einen Kunden zu motivieren: Durch Einfühlungsvermögen, d. h., man versetzt sich in seine Lage, argumentiert zielgerichtet und versucht, ihn sanft zu überzeugen, wenn er unentschlossen ist. Kommen Sie rasch zur Sache, wenn ein Kunde wenig Zeit hat oder ungeduldig wird. Die zweite Verhaltensweise ist die Projektion: Nutzen Sie Ihre Charakterstärke, um den Kunden zu gewinnen. Am besten kombinieren Sie beide Techniken.

30 Nehmen Sie Ablehnung auf keinen Fall persönlich.

UM FEEDBACK BITTEN

Ist ein Kunde ablehnend oder überfordert, bitten Sie ihn, Ihnen Feedback zu geben, sei es auch negativ, in der Hoffnung, einige Bedenken entkräften zu können.

Der Verkäufer bittet freundlich und offen um Feedback.

KULTURELLE UNTERSCHIEDE

Wenn Sie international tätig sind, gilt es kulturelle Besonderheiten zu beachten. Japanische Kunden sind schwer einzuschätzen. Sie reden während eines Meetings zwar wenig, machen dann aber doch überraschend ein Angebot. Franzosen kommen vielleicht erst am Ende eines Geschäftsessens auf den Punkt. Bei Engländern glaubt man erst, gute Verhandlungserfolge erzielt zu haben, und doch gibt es ein Openend. Amerikaner sind schnell zu begeistern, schließen oft aber trotzdem nicht ab.

FRAGEN BEANTWORTEN

Wie gehen Sie mit Fragen um, die Sie nicht beantworten können? Lassen Sie sich diese Schwäche, wenn möglich, nicht anmerken, da dies Ihre Glaubwürdigkeit beeinträchtigen würde. Sie können die Frage z. B. mit einer Gegenfrage beantworten. Auf die Frage »Wer ist Ihr größter Konkurrent?« entgegnen Sie: »Halten Sie Größe für einen gewichtigen Faktor in Ihrer Branche?« Sie können sich natürlich nicht ewig aus der Affäre ziehen. Hören Sie sich eine Frage aufmerksam an, bevor Sie antworten; und nutzen Sie positive Körpersprache, um Ihren Antworten Nachdruck zu verleihen.

Die Körpersprache des Kunden verrät Ablehnung des Vorschlags.

31 Spekulieren Sie nicht über den Ablauf eines Verkaufsgesprächs.

32 Fordern Sie die Kunden auf, ihre Erwartungen zu äußern.

33 Bemühen Sie sich, immer gegen Ende des Gesprächs Feedback vom Kunden zu erhalten.

GESPRÄCHE STEUERN

Kunden werden den Verlauf des Gesprächs nach ihren eigenen Vorgaben lenken wollen. Sie werden eventuell Desinteresse Ihren Ausführungen gegenüber oder mangelnde Bereitschaft zeigen, Themen zu besprechen, die Ihnen wichtig sind. Bleiben Sie bei Ihrer Linie, nachdem Sie Anfragen freundlich und ehrlich abgehandelt haben:

- Vermeiden Sie es, sich im Kreis zu drehen.
- Bringen Sie gegen Ende des Gesprächs überzeugende Gegenargumente.
- Reagieren Sie auf alle Argumente des Kunden absolut ehrlich.

KUNDENSERVICE BIETEN

Sehen Sie Verkauf und Kundenservice als Einheit. Verkauf heißt, Kundenbedürfnisse ermitteln und ihm bieten, was er möchte, wann und wie er es möchte. Anschließend ist es Ihre Aufgabe, sicherzustellen, dass er auch zufrieden ist.

34 Testen Sie die Effizienz Ihres Kundenservices persönlich.

35 Greifen Sie ein, wenn die Kundenresonanz inadäquat ist.

36 Wenn sich Kunden beschweren, gehen Sie auf sie ein.

KUNDENANFRAGEN BEANTWORTEN

Ein wesentlicher Aspekt des Verkaufs besteht in der Bearbeitung von Kundenanfragen, die leider oft zu wünschen übrig lässt. Entsprechende Zahlen aus dem World Wide Web zeigen das Problem deutlich. Nur 20 % der Anfragen werden innerhalb von 24 Stunden beantwortet; 13 % überhaupt nicht. Im Idealfall müssten alle Anfragen innerhalb eines Tages beantwortet werden. Gehen Sie immer ans Telefon, Kontakte mit Kunden müssen gepflegt werden.

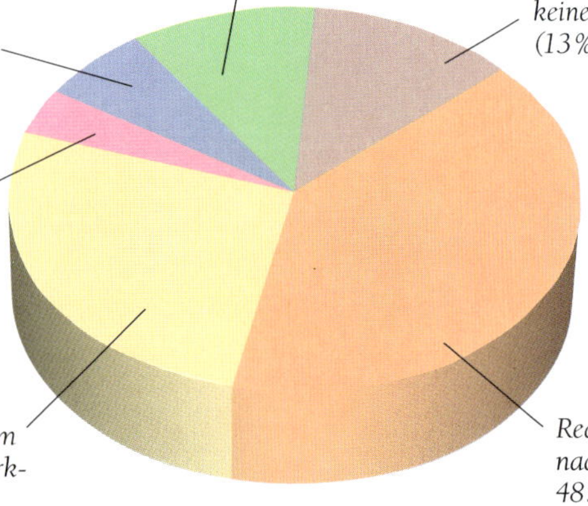

REAKTION AUF ONLINE-ANFRAGEN
Im World Wide Web wurden viele Seiten erstellt, um Anfragen zu ermöglichen und sie wohl auch zu beantworten. Die meisten Unternehmen ziehen jedoch bisher keinen Nutzen aus diesem gewaltig expandierenden Verkaufsmedium.

UMGANG MIT REKLAMATIONEN

Reklamationen spiegeln die Qualität Ihres Produkts bzw. Ihrer Dienstleistung wider. Wenn Sie sie rasch und effektiv regeln, erzielen Sie große Zufriedenheit:

- Entschuldigen Sie sich, und stehen Sie zu der Reklamation.
- Reagieren Sie rasch – innerhalb von fünf Tagen.
- Versichern Sie dem Kunden, dass seine Angelegenheit geregelt wird.
- Kümmern Sie sich persönlich/per Telefon darum.

Machen Sie von Anfang an klar, dass Sie auf der Seite des Kunden stehen. Ist die Reklamation auch faktisch ungerechtfertigt, der Kunde sieht dies anders, und nur das zählt. Betrachten Sie die Angelegenheit erst als geregelt, wenn eine für den Kunden zufrieden stellende Lösung gefunden ist.

VERTRAUEN DES KUNDEN

Folgen Sie bei Reklamationen folgenden Regeln, um das Vertrauen des Kunden zu bewahren; vermeiden Sie zusätzlichen Ärger:

- Fassen Sie die Reklamation zusammen, um dem Kunden zu zeigen, dass Sie ihn verstanden haben.
- Zeigen Sie Verständnis für seine Lage.
- Versichern Sie ihm, dass sein Feedback äußerst hilfreich ist.
- Entschuldigen Sie sich, bemühen Sie sich um Wiedergutmachung.

37 **Rufen Sie Ihre Kunden nach dem Verkauf stets an, und fragen Sie nach, ob sie zufrieden sind.**

KONTAKT PFLEGEN

Kundenservice muss nicht mit dem Verkaufsabschluss enden. Wie gut Sie auf die Kundenbedürfnisse eingehen und damit umgehen können, wirkt sich entscheidend auf die Kundentreue aus. Egal, um welchen Kunden es sich handelt, die Frage muss immer lauten: »Ist der Kunde zufrieden?« und: »Wird er wieder kommen?« Ist die Antwort negativ, fragen Sie sich, warum und was dagegen getan werden kann. Erkundigen Sie sich regelmäßig, ob die Kunden zufrieden waren.

▼ **KONTAKT AUSBAUEN**

Pflegen Sie den Kundenkontakt, bauen Sie ihn unabhängig von der Auftragsgröße weiter aus.

Fragen Sie Ihre Kunden regelmäßig, ob sie zufrieden sind.

Notieren Sie jede Reklamation, und regeln Sie diese umgehend.

KUNDEN ZUFRIEDEN STELLEN

Sie können es nicht immer allen Kunden Recht machen, aber Sie müssen es zumindest versuchen. Recherchieren Sie die Anforderungen der Kunden, und stellen Sie fest, ob diese zufrieden gestellt wurden, nachdem die Kundenreaktionen stetig erfasst worden sind.

38 Bemühen Sie sich um erstklassigen Kundenservice, damit die Kunden zufrieden sind.

PRIORITÄTEN SETZEN

Um das erklärte Ziel zu erreichen, nämlich Kundenerwartungen noch zu überbieten und von ihnen über alle Maßen gelobt zu werden, muss man bereits vorher wissen, worauf es dem Kunden am meisten ankommt. Glauben Sie nur nicht, es sei der Preis. Verkäufer machen aufgrund dieser Fehleinschätzung oft weniger Profit. Es gibt verschiedene Prioritäten, z. B. Lieferzeit oder technischer Support. Wenn Sie die Prioritäten Ihrer Kunden ausfindig gemacht haben und wie Ihr Produkt bzw. Ihre Dienstleistung gegenüber der Konkurrenz abschneidet, ist ein Verkaufserfolg leichter zu erzielen.

Lesen Sie Geschäftsberichte, um Kundenbedürfnisse beurteilen zu können.

▲ **RECHERCHIEREN**
Nutzen Sie alle verfügbaren Quellen, um über Ihre Kunden zu recherchieren, von Firmenbroschüren bis Pressemitteilungen.

OFFEN SEIN ▶
Seien Sie für das offen, was dem Kunden an Ihren Vorschlägen am meisten zusagt.

Nutzen Sie Kundenfeedback, um Prioritäten zu ermitteln.

KUNDEN BINDEN

Die Gewissheit, ob Sie den Bedürfnissen Ihrer Kunden gerecht werden, erhalten Sie nur, indem Sie sie fragen. Ermutigen Sie bestimmte Käuferschichten, zu sagen, wie Sie Ihr Produkt bzw. Ihre Dienstleistung noch attraktiver machen könnten. Versenden Sie Fragebögen, und rufen Sie Ihre Kunden an. Nutzen Sie laufende Kontakte anderer Mitarbeiter zu den Kunden. Lassen Sie vor allem keinen Zweifel daran, dass Sie Anregungen der Kunden schätzen und diese auch umsetzen möchten.

KUNDENBEDÜRFNISSE BEFRIEDIGEN

WICHTIGE FRAGEN	WICHTIGE REAKTIONEN
MARKE UND IMAGE Ist Ihr Unternehmen mit seinen Produkten unter den Marktführern?	- Stellen Sie fest, ob der Kunde sehr viel von der Marke und dem Unternehmen hält. - Prüfen Sie, ob der Kunde das Gefühl hat, das Richtige beim richtigen Unternehmen zu kaufen.
VERKAUFSTECHNIK Gestaltet sich der Verkaufsprozess so, dass der Kunde gern mit Ihrem Unternehmen Geschäfte macht?	- Schulen Sie sich und Ihr Verkaufspersonal in Kundenbetreuung und Kommunikationsgeschick. - Der Kunde soll bei der Entscheidungsfindung unterstützt, nicht unter Druck gesetzt werden.
VERPFLICHTUNGEN EINHALTEN Hält Ihr Unternehmen gegebene Zusagen auch wirklich genau ein?	- Liefern Sie das richtige Produkt am richtigen Ort zur richtigen Zeit in der richtigen Menge. - Halten Sie Ihre Zusagen ein, und versprechen Sie nichts, was Sie nur schwer halten können.
VERWALTUNG Wird der Verkauf effizient und ohne unnötige bürokratische Prozeduren abgewickelt?	- Rechnungen und andere Formulare müssen übersichtlich, präzise und einfach zu handhaben sein. - Setzen Sie sich dafür ein, dass Ihr Unternehmen bei den Verkaufsbedingungen flexibel ist.
REAKTIONSBEREITSCHAFT Bekommt der Kunde immer eine rasche und effektive Rückmeldung?	- Klären Sie eventuelle Unklarheiten mit dem Kunden so schnell wie möglich. - Räumen Sie bei Reklamationen sofort entsprechende Fehler ein, und beseitigen Sie diese umgehend.
INFORMATION Ist der Kunde hinreichend über das Produkt bzw. die Dienstleistung informiert?	- Sie und Ihr Verkaufspersonal müssen natürlich alles über Ihre Produkte bzw. Dienstleistungen wissen. - Informieren Sie den Kunden hinreichend über das Produkt/die Dienstleistung und wie sie zu handhaben sind.
PRODUKT BZW. DIENSTLEISTUNG Entspricht oder übertrifft der Kauf die Erwartungen des Kunden?	- Sondervereinbarungen müssen eingehalten werden, genau wie bestimmte Konzessionen beim Verkaufsabschluss. - Versichern Sie sich, dass der Kunde mit dem Produkt bzw. der Dienstleistung zufrieden ist.
KUNDENSERVICE NACH VERKAUF Wird der Kunde auch nach dem Verkauf noch verkaufsorientiert betreut?	- Anfragen und Reklamationen müssen stets freundlich und rasch bearbeitet werden. - Setzen Sie sich mit dem Kunden in Verbindung, um zu überprüfen, ob und wie er mit dem Kauf zufrieden ist.

39 Analysieren Sie mittels Marktforschung die Kundenzufriedenheit.

40 Ergänzen Sie die Untersuchung durch Fragen an repräsentative Kunden.

KUNDENZUFRIEDENHEIT ANALYSIEREN

Kundenzufriedenheit muss erfasst und möglichst auch analysiert werden. Dazu bietet die Marktforschung zwei Arten: die quantitative und die qualitative. Die quantitative Marktforschung, die normalerweise aus Fragebögen besteht, kann zu statistischen Zwecken durchgeführt werden. Eine bestimmte Anzahl von Antworten ist hierbei vorgegeben, z. B. eine Bewertungsskala von eins bis zehn. Diese Methode hat sich bewährt und ist weit verbreitet, jedoch ziemlich kostspielig. Am besten Sie ergänzen sie durch qualitative Marktforschung, die auf Interviews basiert. Beide Methoden sollten Teil Ihres Nachfassens sein, um sicherzustellen, dass der Kunde zufrieden bleibt.

QUANTITATIVE MARKTFORSCHUNG

Hier stehen bestimmte Antworten zur Auswahl, da die Ergebnisse für bestimmte Bewertungssysteme konzipiert sind. Die Ergebnisse selbst sind aber nicht immer präzise. Es können sich Fehler einschleichen und extrem gute Werte über die Unzufriedenheit der Kunden hinwegtäuschen, was ernste Folgen für zukünftige Verkäufe hat. Untersuchungen von Xerox haben gezeigt, dass bei Kunden, die ein »sehr zufrieden« vergeben, die Wahrscheinlichkeit eines erneuten Kaufs sechsmal höher liegt als bei denen, die ein »zufrieden« gaben. Werden die Fragen also nicht klar unterschieden (»sehr zufrieden« und »zufrieden« gar kombiniert), wird das Ergebnis verzerrt.

DIE ENTSCHEIDENDEN FRAGEN STELLEN

Quantitative Marktforschung stellt wie bei einer Umfrage einer Gruppe repräsentativer Kunden identische Fragen. Es sollten dabei drei Kernfragen bezüglich der Kundenzufriedenheit gestellt werden. Werden im Rahmen der Untersuchung alle drei beantwortet, verfügen Sie über die essenzielle Information.

Fragen Sie, ob Kunden erneut bei Ihnen kaufen würden.

Fragen Sie, ob Kunden bereit wären, Sie weiterzuempfehlen.

Fragen Sie, ob Kunden Ihr Produkt bzw. Ihre Dienstleistung als exzellent bewerten würden.

Werten Sie die Antworten aus, führen Sie die notwendigen Veränderungen durch.

PANELERHEBUNGEN UND ZIELGRUPPEN

Wenn ein Unternehmen viele Kunden hat, können externe Panelerhebungen oder Zielgruppeninterviews durchgeführt werden. Diese Methode ist äußerst effektiv, wenn sie in einem informellen Rahmen erfolgt.

QUALITATIVE UMFRAGEN

Hierbei werden Kunden direkt befragt, was sie von einem Produkt bzw. einer Dienstleistung halten. Die Fragen sind so konzipiert, dass die Kunden bereitwillig Auskunft geben. Die Umfrage kann innerbetrieblich oder außerhalb durchgeführt werden. Bei innerbetrieblichen Umfragen handelt es sich meistens um Interviews mit repräsentativen Kundengruppen oder Einzelinterviews im Anschluss an Fragebogenaktionen. Persönliche Tiefeninterviews sind am effektivsten, bemühen Sie sich jedoch darum, die Antworten nicht zu beeinflussen.

KOMMUNIKATION MIT GEFÜHL

Unternehmen steigen immer mehr auf die Kundenbetreuung ein, bombardieren ihn geradezu mit Nachfassaktionen in Form von Anschreiben, Anrufen und Sonderangeboten. Halten Sie Ihre Nachfassaktionen in vernünftigem Rahmen. Jede Kontaktaufnahme muss ausreichend gerechtfertigt sein. Beanspruchen Sie Zeit und Geduld Ihrer Kunden nicht über Gebühr. Anrufe von Kunden müssen dagegen stets entgegengenommen, bzw. der Kunde muss zurückgerufen werden, und Anschreiben sind zügig zu beantworten. Nachlässigkeit auf diesem Gebiet gefährdet hart erarbeitete Kundentreue.

41 **Das Beste ist nicht gut genug, exzellent muss es sein.**

42 **Rufen Sie als Kunde an, und testen Sie, wie Sie behandelt werden.**

ERFOLGREICH VERKAUFEN

Verkaufserfolg braucht Planung und Strategie. Man kann zunächst das Verkaufsteam vorstellen oder ein kurzes Anschreiben versenden. Letztendlich geht es jedoch darum, geschickt zu verhandeln.

EINE STRATEGIE ENTWICKELN

Erfolgreiche Verkaufsaktionen sind exakt geplant. Die Kunden werden genau identifiziert, der Markt muss in den ausgewählten Regionen gut mit Verkaufspersonal abgedeckt sein, und der Verkauf hat die Kundenbedürfnisse zu befriedigen.

43 Ihre Verkaufsstrategie muss jedem etwas bringen.

44 Bewerten Sie Ihr Markenimage und Ihre Marktposition, um Ihre Verkaufsstrategie zu stützen.

EINE STRATEGIE WÄHLEN

Ob Sie ein vorhandenes Produkt verkaufen oder ein neues einführen, eine erfolgreiche Verkaufsstrategie basiert stets auf der genauen Analyse von Produkt, Markt und Wettbewerb. Ihre Strategie kann auf die Neukundengewinnung oder auf die Intensivierung bestehender Kontakte gerichtet sein. Bevor Sie jedoch Ressourcen für eine Verkaufsaktion zuteilen, berücksichtigen Sie Marktvolumen, Potenzial und wie ausgeprägt der Wettbewerb ist. Haben Sie den Markt durchdrungen, sorgen Sie dafür, dass Ihr Verkaufspersonal bei Kunden und Neukunden ausreichend präsent ist.

45 Machen Sie Ihre Angebote unwiderstehlich.

VERKAUFSSTRATEGIE ANWENDEN

Recherchieren Sie die Ansprüche der Kunden, und befragen Sie Kollegen dazu.

↓

Klügeln Sie eine aussagekräftige Präsentation aus, die die Ansprüche der Kunden berücksichtigt.

↓

Führen Sie die Präsentation mit möglichst viel Zusatzinformation durch.

↓

Handeln Sie Bedingungen aus, die sowohl Ihre Ziele als auch die Bedürfnisse des Kunden erfüllen.

↓

Schließen Sie das Geschäft ab, resümieren Sie die Hauptpunkte, und unterstreichen Sie den Nutzen.

VERKAUF IN ETAPPEN

Der Verkaufsprozess sollte sich in gewissen Etappen vollziehen, bevor Sie versuchen, den Handel perfekt zu machen. Jede Etappe erfordert eine eigene Ministrategie. Legen Sie das gewünschte Ergebnis, die hierfür anzuwendende Taktik und eine Variante für vorhersehbare Abweichungen fest. Überprüfen Sie die Strategie während jeder Etappe, um neue Informationen und Kenntnisse einzuarbeiten. Ihre Beurteilung der Kundenbedürfnisse und -erwartungen bildet den Ausgangspunkt für die Planung Ihrer Verkaufs- und Verhandlungsstrategien und für die Präsentation. Sie müssen alle Fakten und Zahlen auf jede Frage des Kunden parat haben und vor Abschluss jedes Gesprächs nochmals die einzigartigen Vorteile Ihres Produkts bzw. Ihrer Dienstleistung wiederholen.

PRODUKT UND MARKT DURCH UND DURCH KENNEN

Eine erfolgreiche Verkaufsstrategie hängt im Wesentlichen von Überredungskunst und Verhandlungsgeschick ab; Fähigkeiten, die nur dann effektiv eingesetzt werden können, wenn sie mit perfekter Kenntnis und Vertrauen in das Produkt bzw. die Dienstleistung gepaart sind. Kunden vertrauen darauf, dass Verkäufer ihnen sagen, worauf es ankommt. Dabei reicht die Kenntnis über Ihr Produkt allein nicht aus, Sie müssen in der Lage sein, es ähnlichen Produkten gegenüberzustellen, und zwar so, dass es dabei höchst vorteilhaft abschneidet. Setzen Sie alles daran, ein Experte auf Ihrem Gebiet zu werden. Lesen Sie Wirtschaftsliteratur, sprechen Sie mit Kollegen aus Technik, Vertrieb und Produktion, und nehmen Sie an Schulungen teil. Nutzen Sie jedes Verkaufsgespräch als Gelegenheit, Ihre Kenntnisse und damit Ihre Kompetenz zu erweitern.

AIDCA

Die so genannte AIDCA-Formel steht für Attention, Interest, Desire, Conviction und Action, also Aufmerksamkeit, Interesse, Wunsch, Überzeugung und Aktion. Durch diese fünf Stadien sollten Sie den Neukunden nacheinander hindurchführen.

46 Feilen Sie an einer Story, welche die Kunden wirklich überzeugt.

47 Wie können Sie im Anschreiben das Interesse des Kunden wecken?

AIDCA-GRUNDSÄTZE BEFOLGEN

Die AIDCA-Formel wird schon seit langem als Formulierungshilfe für Anschreiben verwendet. Ihre Grundsätze sind jedoch genauso gut auf alle anderen Aspekte des Verkaufs anwendbar. Sie ermöglichen ein Vorgehen, das Ihrem Verkaufsgespräch eine feste Struktur und Richtung gibt und das Angebot kohärent und attraktiv macht. Zuerst die Aufmerksamkeit des Kunden erregen, dann sein Interesse wecken, dieses in den Wunsch nach Produkt bzw. Dienstleistung umwandeln und dann durch Überzeugung zur Aktion, dem Kauf, bewegen.

AUFMERKSAMKEIT ERREGEN

Sie müssen erst die Aufmerksamkeit des Kunden für etwas erregen, damit Sie es verkaufen können. Dies kann durch Aufsehen erregende Aktionen, ein ganz besonderes Angebot oder die Einführung des Produkts durch eine berühmte oder einflussreiche Person sein. Egal, welches Mittel Sie einsetzen, Sie müssen damit auffallen. Vergessen Sie nicht, dass auch viele andere dies versuchen. Überlegen Sie den ersten Schritt also sorgfältig, ob persönlich, am Telefon oder durch Anschreiben, denn Sie wollen sich damit von der Konkurrenz abheben. Zuerst gilt es, Augen und Ohren des Kunden zu gewinnen, dann erst Kopf, Herz und Brieftasche.

AUFMERKSAMKEIT

Verkäufer schreibt prägnantes Anschreiben.

AIDCA IN AKTION
Die ersten Schritte sind entscheidend. Gestalten Sie Ihr Anschreiben so attraktiv wie möglich, und ergänzen Sie es mit ansprechender Information, sodass die Neugier des Kunden auf mehr geweckt wird.

48 Behalten Sie ein paar Trümpfe in der Hand, um sie bei Bedarf auszuspielen.

49 Die ersten Minuten mit dem Kunden sind die entscheidenden.

Interesse wecken

Profitieren Sie von der Aufmerksamkeit, um daraus Interesse zu machen. Dazu müssen Sie das »Problem« des Kunden lokalisieren und regelrecht ausnutzen. Und zwar mit dem (expliziten oder impliziten) Versprechen, dass mit dem Kauf ein echtes Bedürfnis befriedigt wird. »Mit uns können Sie um die Hälfte billiger telefonieren« ist ein Angebot, bei dem jeder aufhorcht. Mit dem Versprechen allein werden Sie keinen Kauf abschließen, es macht den Kunden lediglich empfänglich für mehr Information.

Schlüsselpunkte im Anschreiben wecken Interesse des Kunden.

Interesse

Verkäufer vermittelt dem Kunden Zusatzinformationen, um den Wunsch nach dem Produkt hervorzurufen.

Wunsch

Den Wunsch erzeugen

Aufmerksamkeit und Interesse allein genügen noch nicht. Der Kunde muss das Produkt haben wollen. Die Buchung einer Reise ist ein gutes Beispiel: Eine Zeitschriftenwerbung weckt die Aufmerksamkeit, Informationen über das Reiseziel wecken Interesse, und durch traumhafte Fotos in der zugesandten Broschüre wird der Wunsch nach der Reise wach. Extras wie Rabatte wecken zusätzliches Interesse. Das Grundbedürfnis muss natürlich da sein, die »verheißungsvollen Aussichten« können allerdings das Zünglein an der Waage sein.

50 **Arbeiten Sie mit der Antwort auf die Frage »Warum ist unser Produkt einzigartig?«**

ÜBERZEUGUNG

Der Kunde muss davon überzeugt werden, dass Sie und nur Sie ihm das Richtige verkaufen. Werbetechnisch bedeutet das, verkaufsfördernde Argumente einzusetzen, nämlich solche, die den Käufer davon überzeugen, dass Ihr Produkt bzw. Ihre Dienstleistung anders und besser ist. Einen Urlaub z. B. teureren Alternativen gegenüberzustellen stärkt die Überzeugung, dass die Entscheidung richtig war. Die gleiche Wirkung erzielen ein Versicherungspaket oder Zahlungserleichterungen. Je mehr die Kunden glauben, aus eigener Überzeugung zu kaufen anstatt überzeugt zu werden, umso besser für den Kauf.

Kundin stellt fest: Das Angebot ist einmalig.

ÜBERZEUGUNG

DEN KAUF VEREINBAREN

Die letzten Etappen der AIDCA-Formel sollen den Kunden überzeugen, dass er nirgends ein besseres Angebot finden wird, sodass er den Kaufentschluss trifft.

AKTION INITIIEREN

Die Aktion bestätigt Ihre Effektivität. Der berühmte Slogan »Kauf solange der Vorrat reicht« vereinigt zwei Hauptprinzipien: Unmittelbarkeit und Dringlichkeit. Möchten Sie, dass der Kunde sofort bestellt, müssen Sie ihm nur zeigen, dass diese Option nicht ewig besteht. Dies mag natürlich ein Bluff sein. Solange Sie jedoch keinen Druck ausüben, ziehen sich die Verkaufsverhandlungen hin, die Motivation verpufft. Dann muss die AIDCA-Formel erneut angewendet werden – mit geringeren Erfolgschancen. Nur mit richtigem Timing funktionieren ihr Ablauf und logisches Konzept.

AKTION

Verkäufer rät der Kundin, rasch zuzugreifen, um nichts zu verpassen.

Kundin beschließt den Kauf.

51 Der letzte Trumpf schließlich lässt den Kunden den Kugelschreiber zücken.

52 Kleine Scherze und blumige Sprache stimmen den Kunden positiv.

Vorlieben ändern

Mit der AIDCA-Formel soll der Kunde dazu bewegt werden, Ihr Angebot allen anderen vorzuziehen und vom bisherigen Produkt bzw. der bisherigen Dienstleistung zu Ihnen zu wechseln. Am effektivsten ist, die beste Lösung für Kundenprobleme parat zu haben, und dies auch beweisen zu können. Zeigen Sie sich als humorvolle und nette Person, die sich stark mit ihrem Unternehmen bzw. der Marke identifiziert, das fördert den Verkauf. Schildern Sie die Vorteile für den Kunden in den schillerndsten Farben, und zeigen Sie auch neu entwickelte Eigenschaften und Anwendungsbereiche auf. Neuheiten sollten jedoch immer mit dem positiven Urteil zufriedener Kunden belegt werden können.

Kunde probiert das Produkt umgehend aus.

◀ PRODUKT-VORFÜHRUNGEN
Produktvorführungen vermögen den Kunden manchmal im Nu zum Kauf zu bewegen.

Verkäuferin demonstriert den Nutzen des Produkts.

Tun und lassen

- ✔ Betonen Sie die einmaligen Vorteile, die nur Sie bieten können.
- ✔ Die letzte Etappe der Formel entscheidet: Der Kunde soll sofort agieren.
- ✗ Machen Sie die Konkurrenz nicht schlecht, um Kunden zu gewinnen.
- ✗ Setzen Sie den Verkaufsprozess nicht fort, wenn AIDCA versagt hat.

53 Bieten Sie kostenlose oder zusätzliche Anreize, damit der Kunde zugreift.

KOMMUNIKATION PER POST

Reklamesendungen sind meist unverzichtbar – je besser sie ausgefeilt sind, umso höher das zu erwartende Absatzvolumen. Reklamepost, die exzellent gestaltet ist, gehört zu den effektivsten und gefragtesten Verkaufsmethoden.

54 Lassen Sie Ihre Anschreiben Korrektur lesen, um Fehler auszumerzen.

55 Testen Sie verschiedene Anschreiben an Kundengruppen.

56 Jede Postsendung sollte die Vorzüge Ihrer Marke herausstreichen.

ERFOLG PER POST

Anschreiben sind effektive Verkaufsmethoden als Einführung und Vorläufer von Reklamesendungen. Resonanz darauf muss stets beantwortet und telefonisch nachbetreut werden. Kommt durch das Anschreiben ein Kundengespräch zustande, bestätigen Sie schriftlich, was vereinbart wurde (das Anschreiben ist hier eine Art Protokoll), und treiben Sie die Verhandlungen voran. Wichtige Punkte müssen immer schriftlich vorliegen. Selbst wenn das Geschäft nicht zustande kommen sollte, vergessen Sie nicht, ein kleines Schreiben zu verfassen, um zu signalisieren, dass Sie auch in Zukunft gerne zur Verfügung stehen.

WIE SIE IHREN STIL VERBESSERN

Gehen Sie nach folgenden Richtlinien vor, die der AIDCA-Formel entsprechen, um ein ausgezeichnetes Einführungsschreiben zu verfassen.

- Gliedern Sie das Schreiben in Einleitung, Hauptteil und einen kurzen Schluss.
- Lernen Sie, jedes Mal schneller zu schreiben.
- Schreiben Sie so natürlich, wie Sie sprechen.
- Wenden Sie sich persönlich an den Kunden.
- Fassen Sie sich kurz.
- Drücken Sie sich klar aus.
- Halten Sie Ihre Sätze einfach und kurz.
- Das Schreiben sollte flüssig und logisch sein.
- Betreiben Sie keine Effekthascherei.
- Keine Umschreibungen und veralteten Wendungen
- Vermeiden Sie Bandwurmwörter.
- Verwenden Sie Aktiv-, keinen Passivstil.
- Keine Fachbegriffe
- Sprechen Sie sich Ihre Sätze laut vor.
- Korrigieren Sie erst ganz am Schluss.

VERKAUF PER POST

Reklamesendungen ersetzen den Telefonverkauf. Man kann damit gezielt experimentieren, d. h. Verkaufsmethoden so lange kombinieren, bis man die beste Kombination gefunden hat. Eine effektive Reklamesendung ist natürlich wichtig, noch wichtiger jedoch ist die richtige Anschreibeliste, d. h. eine aktuelle Liste potenzieller Kunden, entweder aus der eigenen Datenbank oder dem Zukauf von Adressen. Man sollte zuerst eine Testreklameaktion bei einer zufällig ermittelten Kundengruppe durchführen, um sicherzugehen, dass der damit verbundene Profit die Kosten für Vorbereitung, Druck und Porto weit mehr als nur deckt.

Logo stützt die Corporate Identity.

Klarer Stil stützt das Markenbewusstsein.

◀ **GUTES DESIGN** *Nehmen Sie sich Zeit für die Gestaltung der Reklamesendung. Das Design sollte klar und einheitlich sein und ins Auge stechen.*

MARKENBEWUSSTSEIN

Unternehmen geben viel Geld für Broschüren und Druckmaterial aus, das per Post, auf Messen oder Kundenbesuchen verteilt wird. Das Spektrum reicht von Hochglanzprospekten bis zu Preislisten. Egal, wie sie aussehen und was sie kosten, nur eine Frage zählt: »Werden sie den Kunden dazu bewegen, nur bei uns zu kaufen?« Dazu muss man über ein klares, qualitativ hochstehendes Design verfügen, um die Marke in den Vordergrund zu rücken, um Botschaften deutlich und wirkungsvoll einzusetzen und um ein Zuviel an Materialien zu vermeiden.

EINE EFFEKTIVE REKLAMESENDUNG KONZIPIEREN

Nennen Sie den wichtigsten Nutzen des Produkts ganz am Anfang.

↓

Führen Sie den (oder die) Nutzen gleich danach weiter aus.

↓

Sagen Sie dem Kunden ganz genau, was er alles bekommt.

↓

Belegen Sie Produkt- bzw. Dienstleistungsinformation mit Zahlen und Referenzen.

↓

Machen Sie klar, was der Kunde verliert, wenn er das Angebot nicht wahrnimmt.

↓

Greifen Sie den (oder die) herausragenden Nutzen am Schluss nochmals auf.

↓

Machen Sie klar, dass der Kauf »jetzt oder nie« geboten ist.

TELEFONIEREN

Jemanden am Telefon zu einem persönlichen Verkaufsgespräch zu bringen, insbesondere wenn er Sie nicht kennt, ist schon eine Kunst für sich. Nutzen Sie die Ihnen geläufigen Techniken, um Kontakte herzustellen, Termine zu vereinbaren, und für den Telefonverkauf.

57 Setzen Sie alles daran, sich mit dem Kunden persönlich zu treffen.

DAS EIS BRECHEN

Ihr Anruf braucht einen guten »Aufhänger«. Starten Sie mit einem Eisbrecher, um einen Termin zu bekommen. Gut macht sich z. B. »War schon jemand von der Firma XY bei Ihnen?« oder »Ist Ihnen mein Name schon bekannt?«. Ihre Reaktion, egal, was von der anderen Seite kommt, muss stets positiv sein. »Haben Sie mein Schreiben schon bekommen?« ist gut, wenn Sie vorab eines geschickt haben. Auf jedes Schreiben muss ein persönlicher Anruf folgen. Kann Ihr Gesprächspartner sich nicht an Schreiben oder Inhalt erinnern, ist dies die perfekte Gelegenheit, detailliert einzuhaken.

NICHT VERGESSEN

- Wenn Sie genauso schnell wie die andere Person sprechen, fördert das die Beziehung.
- Unterbrechen Sie die andere Person niemals.
- Verwenden Sie das Wort »ich« so selten wie möglich, nennen Sie dagegen Ihren Namen, so oft es geht.
- Beim ersten Mal melden Sie sich besser mit »... am Apparat« anstatt »Mein Name ist ...«.
- Pausen sollten, wenn möglich, vermieden werden.

◄ VERBESSERN SIE IHRE TECHNIK
Einen Termin per Telefon zu vereinbaren erfordert konzentrierten Einsatz. Notieren Sie sich vorab ein paar Sätze, und kontrollieren Sie Ihre Mimik im Spiegel, um ein positives Ergebnis zu erzielen.

INTERESSE BEWAHREN

Sprechen Sie den Kunden persönlich an, fragen Sie »Wie geht's?«, als ob die Standardantwort (»Gut, danke«) von Belang wäre. Hat eine der Parteien den Anruf begrenzt, z. B. auf zehn Minuten, überschreiten Sie dieses Limit nicht, es sei denn, der Kunde möchte wirklich mehr hören. Bewahren Sie stets eine positive Haltung, auch wenn das Gespräch unangenehm wird und Sie mit Kritik konfrontiert werden. Greifen Sie auf Ihr Repertoire zurück, z. B. »Das kann ich verstehen« oder »Vielen anderen geht es auch so«.

58 Zeigen Sie mit Worten und Taten, dass Sie den Kunden mögen.

59 Bestätigen Sie nochmals die Uhrzeit, bevor Sie zum Termin fahren.

Lächeln Sie, dann lächelt Ihre Stimme.

Notieren Sie Nachfassaktionen.

POSITIV BLEIBEN

Zeigen Sie Solidarität mit dem Kunden. Egal, wie feindselig er ist, bleiben Sie ruhig und freundlich. Versprechen Sie nichts, was Sie nicht halten können.

EINEN TERMIN FESTMACHEN

Wenn Sie ohne Voranmeldung anrufen, um einen Termin zu ergattern, sollten Sie trotzdem erfolgreich sein. Nennen Sie kurz den Grund des Anrufs, und nutzen Sie das folgende Gespräch, um den Termin festzumachen, bestätigen Sie ihn nochmals, bevor Sie auflegen.

„Mein Name wurde Ihnen sicher schon genannt, oder?“

„Wie Sie vielleicht wissen, hat die Fima XY vor kurzem die erste digitale …“

„Ich würde gerne einmal vorbeischauen und Ihnen unser neues Produkt vorstellen.“

„Ich bin am Dienstag gegen 15 Uhr in Ihrer Gegend, vielleicht hätten Sie zehn Minuten Zeit?“

KUNDENBESUCHE OPTIMAL NUTZEN

Haben Sie sich die Mühe gemacht, die Kundenbedürfnisse und Vorstellungen zu ermitteln, können Sie nun überlegen, wie Sie die Zeit mit ihnen am effektivsten nutzen und Ihr Angebot so attraktiv wie möglich präsentieren.

60 **Erzählen Sie den Kunden nur das, was sie auch hören möchten.**

KUNDENBESUCHE VORBEREITEN

Der Kundenkontakt muss bis ins Kleinste ausgestaltet werden. Wählen Sie einen neutralen Ort, und denken Sie daran, dass Förmlichkeit der Konzentration dient, nicht jedoch der Atmosphäre. Eine zwanglose Atmosphäre kann wiederum unprofessionell wirken. Behalten Sie Ihr Ziel im Auge. Wollen Sie verkaufen oder mehr Information über die Kundenbedürfnisse? Sie müssen alle wichtigen Informationen über Ihre Produkte und die Produkte der Konkurrenz haben. Überschlagen Sie, wie viel Zeit Sie brauchen, und nehmen Sie Informationen für den Kunden mit, die Sie ihm geben können. Legen Sie fest, wie weit Ihre Kompromissbereitschaft reicht.

TUN UND LASSEN

- ✔ Stellen Sie Fragen, die positive Antworten auslösen.
- ✔ Hören Sie dem Kunden geduldig zu.
- ✔ Vermitteln Sie überzeugende Aspekte zu Angebot und Unternehmen.

- ✗ Überfordern Sie den Kunden nicht mit einer Informationsflut.
- ✗ Drängen Sie ihn nicht zum Kauf.
- ✗ Streben Sie Erfolg an, erzwingen können Sie ihn nicht.

PRODUKTWERBUNG

Sie müssen alle Informationen erwähnen, die den Kunden zur Wahl Ihres Produkts bzw. Ihrer Dienstleistung bewegen könnten:

- Sagen Sie ihm, was Sie über seine derzeitigen Aktivitäten und Ambitionen wissen.
- Heben Sie den Vorteil hervor, den das Produkt bietet.
- Ergänzen Sie Informationen über Eigenschaften und Nutzen Ihres Produkts bzw. Ihrer Dienstleistung und über Ihr Unternehmen.
- Sie kennen Stärken und Schwächen der Konkurrenz sowie deren Produkte und Dienstleistungen.
- Antizipieren Sie kritische Einwände, und begegnen Sie ihnen mit positiven entkräftenden Argumenten.
- Bieten Sie Referenzen an.

DEM KUNDEN ZUHÖREN

Der Kunde soll sagen, was er möchte, bevor Sie sagen, was Sie anbieten. Stellen Sie Rückfragen, ob Sie ihn verstanden haben. Bleiben Sie stets freundlich, sprechen Sie den Kunden mit Namen an, und vermeiden Sie Fachbegriffe. Versuchen Sie, die Erwartungen zu übertreffen, indem Sie ihn fragen, was Ihr Produkt bzw. Ihre Dienstleistung noch attraktiver machen könnte. Bieten Sie ihm am Schluss ein Extra, ein unerwartetes Zugeständnis, sei es auch noch so gering, damit er sich als etwas Besonderes fühlt. Bedanken Sie sich für seine Zeit, und betonen Sie, wie wertvoll er für Sie als Kunde ist.

61 **Ihr Ziel muss den Kundenbesuch bestimmen.**

62 **Versichern Sie sich, dass Ihr Unternehmen versprochene Dienstleistungen auch erbringen kann.**

KULTURELLE UNTERSCHIEDE

Amerikanische Verkäufer sind für ihre smarten Präsentationen bekannt. Briten sind ungern aufdringlich und brauchen etwas länger, um auf den Punkt zu kommen. Die Deutschen sind sehr formell, sie nutzen Kundenbesuche überwiegend, um massig Produktinformation zu vermitteln. Ein Franzose wird eher intellektuell an einen Kundenbesuch herangehen und sehr viel reden.

NACHFASSANRUFE

Es ist meistens probat, nach einem Kundenbesuch nochmals anzurufen. Dies festigt die Beziehung zum Kunden, und Sie bleiben ihm in Erinnerung.

DIE PRÄSENTATION

Eine Präsentation vor größerem Publikum durchzuführen ist eine große Herausforderung. Der Unterschied zwischen einer erfolglosen und einer erfolgreichen Präsentation liegt meist nur darin, ob sie zum Verkauf geführt hat oder nicht.

63 Fassen Sie sich kurz, schweifen Sie nicht ab, und schließen Sie positiv.

DIE PRÄSENTATION VORBEREITEN

Obwohl jede Präsentation auf Produkt und Kunden zugeschnitten sein muss, gibt es gewisse Vorgaben, um das anfängliche Interesse des Kunden in Aktion umzusetzen:

- Stellen Sie die einzigartigen Vorteile Ihres Produkts bzw. Ihrer Dienstleistung dar.
- Heben Sie den Erfolg des Produkts hervor, und belegen Sie diesen anhand von aktuellen Statistiken und dem Urteil zufriedener Kunden.
- Weisen Sie auf die Gefahr hin, dem Markt hinterherzuhinken.
- Überzeugen Sie Ihr Publikum, dass Ihr Produkt bzw. Ihre Dienstleistung dessen Marktposition verbessert.
- Fordern Sie Ihr Publikum am Schluss auf, schnell zu handeln, um sich den Auftrag zu sichern.

REDEDAUER TIMEN

Für eine gute Präsentation gelten dieselben Regeln wie für eine gute Rede. Orientieren Sie Ihre wesentlichen Punkte an der AIDCA-Formel (siehe S. 34–37). In der Kürze liegt die Würze. Die meisten Menschen können sich nur 20 bis 40 Minuten konzentrieren. Teilen Sie die Gesamtdauer durch die Anzahl der Punkte, dann wissen Sie, wie lange Sie für jeden haben. Beim Einsatz multimedialer Hilfsmittel, die dringend zu empfehlen sind, planen Sie drei Minuten für jeden Punkt ein. Das heißt, Sie können nur ca. zehn bis zwölf Punkte behandeln, was jedoch in der Regel ausreicht.

AKZENTE SETZEN

Eine klar strukturierte und eingängige Präsentation besteht aus einer Einführung, der Darstellung der wesentlichen Punkte und einer prägnanten Zusammenfassung am Schluss.

Sagen Sie, worüber Sie sprechen werden. → **Sprechen Sie darüber.** → **Sagen Sie, worüber Sie gesprochen haben.**

▲ **AUDIOVISION**
Hoch moderne AV-Technologie muss eventuell von Experten installiert werden. Proben Sie die Präsentation vorab ausreichend.

EINSATZ VON MULTIMEDIA

Bilder bleiben nachhaltiger im Gedächtnis als Worte, und Worte allein sind weniger effizient als eine Kombination aus audiovisuellen Mitteln (AV). Dank der PCs und Software, die Text in Farbe, Bildsequenzen und Animationen an die Wand projizieren können, ist die Nutzung von AV in Topqualität einfacher denn je. Für Kundenbesuche reicht ein normaler Bildschirm aus, um jedoch maximale Wirkung zu erzielen, sollten Sie eine mehrfarbige Animation mit Soundtrack und eventuell Lichteffekten einsetzen. Stimmen Sie die AV-Präsentation auf die jeweiligen Kundenbedürfnisse ab.

64 Planen Sie Ihre AV-Präsentation jedes Mal neu.

65 Lesen Sie nicht ab, sondern sprechen Sie möglichst frei.

WIRKUNG ERZIELEN

Effektive Botschaften bleiben im Gedächtnis haften, sind überzeugend und fördern die Aktion:

- Unterstreichen Sie den Nutzen, den Sie anbieten, und eröffnen Sie mit verheißungsvollen Fakten.
- Befolgen Sie die goldene Verkaufsregel, Lösungen, nicht Probleme anzusprechen, und bringen Sie Ihr Produkt so früh wie möglich ins Spiel.
- Nennen Sie mehrfach Firmen- bzw. Markennamen.
- Machen Sie die Konkurrenz nicht madig, sondern erklären Sie, wie Sie deren Lösungen übertreffen.
- Bewerten Sie technische Aspekte nicht zu hoch, Sie vergraulen damit technisch weniger Versierte.
- Meinen Sie auch, was Sie sagen, und sagen Sie nur, was Sie auch wirklich meinen.
- Zeichnen Sie zum Schluss nochmals ein Gesamtbild von Produkt bzw. Dienstleistung und Unternehmen.

KONDITIONEN AUSHANDELN

Auch wenn der Kunde zum Kauf bereit ist, müssen erst jedoch die Konditionen ausgehandelt werden. Beide Seiten können dabei unterschiedliche Ziele verfolgen. Stellen Sie sich darauf ein, und arbeiten Sie auf beiderseitige Zufriedenheit hin.

66 Versetzen Sie sich in die Situation des Kunden.

VERHANDLUNGS-VORBEREITUNG

Auf das gefasst zu sein, was der Kunde sagen oder fragen könnte, verschafft Ihnen einen wesentlichen Vorteil für die Verhandlung. Sind Sie dagegen unvorbereitet, kann eine einzige Frage Sie aus der Bahn werfen. Daran sind bereits viele Verkäufe gescheitert. Verbessern Sie Ihr Verhandlungsgeschick, indem Sie das Rollenspiel mit Kollegen üben. Überlegen Sie, welche Einwände wahrscheinlich sind, wie Sie darauf am besten reagieren und wie Sie das Vertrauen des Kunden mithilfe Ihrer Körpersprache gewinnen können.

◀ **PROBELAUF**
Üben Sie das Verhandlungsgespräch am besten vor dem Spiegel, um auch Ihren Gesichtsausdruck und Ihre Körpersprache zu kontrollieren und positiv zu gestalten. Sie werden sich sicherer fühlen und motiviert in die Verhandlung gehen.

INTERESSEN UNTER EINEN HUT BRINGEN

Sie wollen den Kauf zu Konditionen abschließen, die dem Interesse Ihres Unternehmens dienen. Dabei sollten Sie auch die Interessen des Kunden berücksichtigen. Beginnen Sie die Verhandlung daher mit einer klaren Vorstellung davon, wie ein ideales, ein akzeptables und absolut inakzeptables Ergebnis aussähe. Dasselbe gilt für die Erwartungen des Kunden. Achten Sie zuerst darauf, dass Ihre Analyse der Ziele und des Unternehmens korrekt sind. Signalisieren Sie als Nächstes, dass Sie den Interessen des Kunden so weit wie möglich entgegenkommen.

▼ ZIELE VEREINBAREN

Legen Sie dem Kunden Ihre Ziele klar dar, und hören Sie sich seine genau an. Versuchen Sie, die beiden zu einem erfolgreichen Verkaufsabschluss zu vereinen.

Kundin formuliert ihre Wünsche.

Verkäufer legt seine Ziele dar.

67 **Der Kunde ist nicht Ihr Feind, der Verkauf kein Kampf, also seien Sie freundlich.**

VORZÜGE HERVORHEBEN

Der Kunde versucht natürlich, Sie herunterzuhandeln. Sie können dem nur entgegenwirken, indem Sie wertvolle Eigenschaften besonders hervorheben. Viel effektiver ist es jedoch, den Nutzen in punkto Zeit, Effektivität und Wettbewerbsvorteil zu unterstreichen. Der Preis an sich ist nicht so entscheidend (solange er für den Kunden erschwinglich ist), es kommt auf den Gegenwert an, den er bekommt.

UMGANG MIT DEM WETTBEWERBER

In jeder Verhandlung sitzt ein unsichtbarer Dritter: der Wettbewerber. Der Kunde wird nur dann mehr als für das niedrigste Wettbewerberangebot bezahlen (oder hinter den besten Konditionen zurückbleiben), wenn Sie ein stichhaltiges Argument für bessere Qualität liefern. Bringen Sie so viel wie möglich über die Wettbewerber in Erfahrung!

68 **Kritisieren Sie die Konkurrenz nicht, sondern stechen Sie sie aus.**

PREISGESTALTUNG

Effektiv verkaufen heißt, auf Preisnachlässe verzichten, und zwar aus zwei Gründen: Erstens ist der Preis nicht immer das Wichtigste für den Kunden. Zweitens, der Preis entscheidet über Ihren Profit. Wenn Sie Preisnachlässe als Verhandlungstrick nutzen, können die Einnahmen Ihres Unternehmens gefährdet werden, ohne dass Sie dadurch mehr verkaufen. Besser ist, Sie handeln den Preis in die Höhe. Autoverkäufer erreichen dies z. B., indem sie attraktive Extras bieten. Verkäufer werden aber meistens Rabatte innerhalb erlaubter Grenzen anbieten. Und sie werden Preiserhöhungen scheuen, aus Angst, weniger zu verkaufen. Die Mathematik zeigt aber, dass es wesentlich schwieriger ist, Profit zu machen, wenn man Preise reduziert, als wenn man sie erhöht. Weichen Sie also nur widerstrebend und so wenig wie möglich vom Preis ab.

NICHT VERGESSEN

- Effektiv verhandeln heißt, den Nutzen hervorheben.
- Es lohnt sich immer, wertvolle Eigenschaften zu betonen.
- Je mehr der Kunde über Ihr Produkt bzw. Ihre Dienstleistung weiß, desto aussichtsreicher ist das Ergebnis.

69 Steigen Sie mit dem höchsten marktfähigen Preis ein.

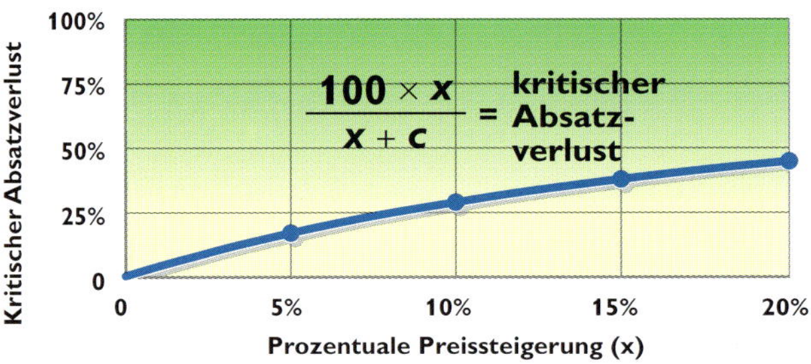

PREISERHÖHUNGEN

Die Gleichung hilft zu entscheiden, ob Sie den Preis erhöhen können. Sie zeigt, wie stark der Verkauf sinken kann, bevor die Rentabilität abnimmt. Im Beispiel bei c gleich 25. Wird der Produktpreis um 20 % erhöht, nimmt der Profit nicht ab, wenn die Käufe nicht um mehr als 44 % sinken (kritischer Absatzverlust), der Versuch lohnt sich also.

LEGENDE

x = *Prozentuale Preissteigerung*
y = *Prozentuale Preissenkung*
c = *Preis abzüglich Direktkosten (%)*

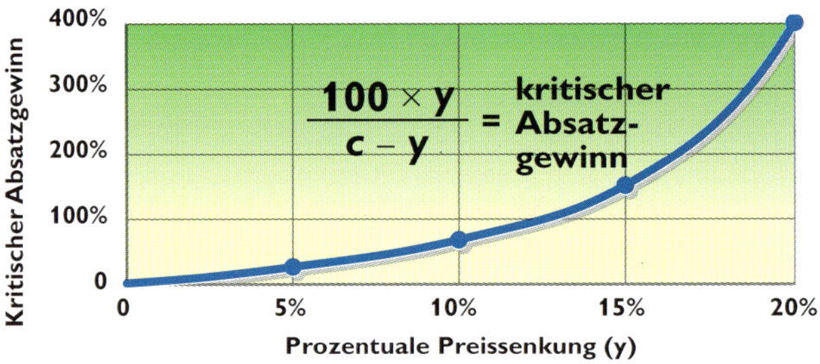

PREISSENKUNGEN

Die Gleichung hilft zu entscheiden, ob Sie den Preis senken können. Sie zeigt, wie stark der Verkauf mit dem neuen Preis zunehmen muss, um den Profit zu erhalten. Wird der Preis um 20 % gesenkt, wenn c gleich 25, muss der Verkauf um 400 % zulegen (kritischer Absatzgewinn), um den Profit zu halten. Davon ist eindeutig abzuraten.

VORGESETZTE EINBINDEN

Wenn Sie beim Preis das Ende der Fahnenstange erreicht haben, geben Sie ein wenig nach, um dem Kunden den Triumph zu lassen. Bitten Sie einen Vorgesetzten um sein Okay oder geben Sie es Ihren Verkäufern. Diese Unterstützung ist wichtig, wenn Sie Flexibilität zeigen sollen, aber auch wenn Sie hart bleiben. Es soll schon vorgekommen sein, dass Verkäufer unter Berufung auf einen Vorgesetzten agiert haben, der in Wirklichkeit seit Jahren nichts mehr zu sagen hatte. Machen Sie jedoch nur selten Ausnahmen, die den Profit erheblich schmälern.

70 Verhandlungen sollten immer freundlich geführt werden.

ZUSTIMMUNG ERBITTEN

Verlassen Sie die Verhandlung, sprechen Sie mit Ihrem Vorgesetzten; und kehren Sie mit einem Zugeständnis zurück.

71 Wenden Sie sich an Vorgesetzte, wenn Sie selbst nicht weiterkommen.

Die Beteiligung des Vorgesetzten macht das Zugeständnis noch wertvoller.

Verkäuferin bittet Vorgesetzten um das Okay.

DAS GESCHÄFT ABSCHLIESSEN

Um den Kauf perfekt zu machen, müssen Sie den Kunden dazu bringen, Ihr Angebot vertrauensvoll anzunehmen. Informieren Sie ihn so umfassend wie möglich, und zerstreuen Sie jegliche Einwände. Üben Sie jedoch keinen Druck aus.

72 Notieren Sie sich vorgebrachte Einwände.

ZUM ABSCHLUSS

Für den Verkaufsabschluss müssen Sie den Käufer durch Ihr Verhalten direkt oder indirekt dazu bringen, Ja zu sagen. Verhalten Sie sich jetzt keinesfalls stereotyp, Sie haben es mit einem menschlichen Wesen zu tun und sollten auch danach handeln. Manche Kunden begrüßen Direktheit, andere finden dies aufdringlich und möchten sich lieber selbst entscheiden oder brauchen einen letzten ermutigenden Zuspruch.

Kunde sieht den Nutzen und akzeptiert die Konditionen.

Verkäufer begegnet Einwänden, indem er die Vorteile des Kaufs unterstreicht.

SICH EINIG WERDEN

Betonen Sie den Nutzen, und machen Sie, wenn nötig, ein letztes Zugeständnis, um den Kauf zu sichern.

73 Bedanken Sie sich – Kauf hin, Kauf her – herzlich bei Ihrem Kunden.

FEEDBACK ERHALTEN

Einwände sind zwar oft entmutigend, kritische Käufer kaufen jedoch dreimal häufiger als solche, die nichts zu bemängeln haben. Letztere geben dem Verkäufer in jeder Hinsicht wenig Feedback und machen ihm damit den Verkauf schwerer. Kritiker dagegen reagieren, beginnen einen Dialog und liefern dem Verkäufer damit einen Hinweis, was sie als Nächstes tun. Gehen Sie niemals leichtfertig mit Einwänden von Kunden um, nehmen Sie sie vor allem gegen Ende der Verkaufsverhandlungen äußerst ernst.

KUNDEN FÜHREN

Warten Sie, bis Sie das Gefühl haben, so viel relevante Information wie nötig vermittelt und erhalten zu haben, um die Verhandlungen zu einem erfolgreichen Abschluss zu führen und den Kaufentschluss herbeizuführen. Fassen Sie dann alle wesentlichen Punkte nochmals zusammen, betonen Sie, wie sehr Ihr Produkt bzw. Ihre Dienstleistung den Bedürfnissen des Kunden entspricht. Fragen Sie den Kunden, ob alle Zweifel beseitigt sind, damit klare Verhältnisse herrschen und Sie die letzte Gelegenheit haben, auf eventuelle Skepsis einzugehen.

VERKAUFSABSCHLUSS

Sie müssen rasch vorgehen und die Gunst des Augenblicks nutzen. Bei der Unterzeichnung des Vertrags sollte der Käufer keinen Zweifel mehr haben, dass der von Ihnen angebotene Nutzen seinen Bedürfnissen absolut entspricht und es sich nur noch um eine reine Formalität handelt. Bestellformular und etwas zum Schreiben liegen die ganze Zeit bereit, Sie erwecken sonst den Eindruck, den Käufer zu nötigen, indem Sie ihm plötzlich irgendwelche Papiere vor die Nase halten.

74 Erfolgskriterien müssen vorab ermittelt und umgesetzt werden.

75 Analysieren Sie Erfolge und Misserfolge, und wiederholen Sie das, was zum Erfolg geführt hat.

76 Haben Sie etwas falsch gemacht, lernen Sie daraus.

POSITIVE ABSCHLUSSFRAGEN

Dem Käufer praktisch das »Messer auf die Brust zu setzen« wäre natürlich peinlich. Finden Sie angenehmere Lösungen. Stellen Sie den Abschluss als einen natürlichen Verhandlungsfortschritt dar, indem Sie Fragen stellen, deren Antworten einen positiven Abschluss nahe legen:

„Welcher Liefertermin wäre Ihnen recht?“

„Haben Sie schon eine Auftragsnummer oder etwas Ähnliches?“

„Wünschen Sie die Rechnung an die Lieferadresse oder an die Hauptniederlassung?“

„Natürlich ist eine Lieferung en gros billiger, aber vielleicht möchten Sie zuerst eine kleinere Menge?“

VERKAUFSTEAMS LEITEN

Kurzfristige Verkaufsleitung erfordert tägliche Planung, bei langfristiger Verkaufsleitung geht es um die Zukunft des ganzen Teams. Erwerben Sie Fähigkeiten für beide Bereiche.

EIN TEAM LEITEN

Das Geheimnis effektiver Verkaufsleitung ist es, sowohl Kontrolle auszuüben als auch das Verkaufsteam sowie wichtige Mitarbeiter anderer Abteilungen zu motivieren, größtmögliche Beiträge zu leisten.

77 Wollen Sie die Teamleistung verbessern, belohnen Sie Teamerfolg.

NEUN WESENTLICHE FÄHIGKEITEN

Fähigkeiten guter Verkaufsleiter:

- Verkäufer einstellen
- Verkäufer schulen
- Verkäufer betreuen
- Kunden zuweisen
- Anzahl von Anrufen erfassen
- Leistung kontrollieren
- Verkaufsergebnisse analysieren
- Erfolg belohnen
- Umgang mit Misserfolg

FÄHIGKEITEN ERWERBEN

Als Verkaufsleiter haben Sie eine anspruchsvolle Tätigkeit. Sie sind verantwortlich, Verkaufserwartungen zu erfüllen, obwohl Sie nicht selbst verkaufen. Sie sind vielleicht als Verkäufer befördert worden und haben keinerlei Erfahrung und nur geringfügiges Talent für eine leitende Funktion. Damit sind Sie nicht allein. Wenn dem so ist, kümmern Sie sich selbst um entsprechende Schulung und auch darum, dass Ihre Verkäufer eine solche bekommen, bevor sie in leitende Funktionen gelangen. Als Leiter sollten Sie nie in die Verkäuferrolle zurückfallen, achten Sie darauf auch bei Ihrem Team.

VERKÄUFER HALTEN

Um ein erfolgreiches Verkaufsteam zu leiten, muss man es motivieren und Erfolge anerkennen. Achten Sie genau darauf, wie zufrieden Ihr Team ist. Die besten Verkäufer unterscheiden sich von den schlechtesten nur hinsichtlich der Gründe, das Unternehmen zu verlassen. Verkaufstalente werden häufig durch bürokratische Zwänge demotiviert, die sie einschränken. Unterdurchschnittlichen Verkäufern sind Prämien am wichtigsten. Es wäre schade, wenn Sie Ihre besten Verkäufer aus Nachlässigkeit verlieren würden.

DIE WICHTIGSTEN GRÜNDE ZU GEHEN

VERKAUFSTALENTE	SCHWACHE VERKÄUFER
1 Übermäßige Einschränkungen	1 Zu geringe Prämien
2 Unzufriedenheit mit dem Job	2 Keine Aufstiegsmöglichkeiten
3 Keine Aufstiegsmöglichkeiten	3 Unzufriedenheit mit dem Job
4 Zu geringe Prämien	4 Arbeitsklima
5 Arbeitsklima	5 Übermäßige Einschränkungen

ZUSAMMENARBEIT ZWISCHEN TEAMS
Ermuntern Sie alle Abteilungen, ständig Informationen auszutauschen. Dies ermöglicht, den Gesamtzusammenhang der Aktivitäten zu erkennen und die Wettbewerbsfähigkeit des Personals zu steigern.

TEAMS VERBINDEN

Ihr Verkaufsteam sollte eng mit dem Marketing, der Kundenbetreuung und den Produktionseinheiten zusammenarbeiten. Fördern Sie den ständigen Informationsfluss zwischen den Abteilungen, dies wird zu einem sofortigen Wettbewerbsvorteil führen. Topverkäufe können vielleicht am besten von Marketingleuten getätigt werden, diese Art von Abteilungsdenken ist jedoch genauso kontraproduktiv, wie wenn sich zu viele Leute auf einen Kunden stürzen.

DAS TEAM SCHULEN

Profitieren Sie von der Tatsache, dass Schulung im Verkauf effektiver ist als in allen anderen Bereichen. Schauen Sie auf die besten Experten, lernen Sie von ihnen. Engagieren Sie sie, wenn möglich, für Ihr Team, und kalkulieren Sie genügend Zeit für Schulungsbedarf.

78 Schreiben Sie mit, was die Experten lehren, und rekapitulieren Sie es regelmäßig.

WICHTIGE FRAGEN

- **F** Besteht Informationsbedarf bezüglich der Produkte bzw. Dienstleistungen?
- **F** Ist das Team fachlich versiert genug?
- **F** Besteht Informationsbedarf bezüglich des Marktes?
- **F** Steigert sich die Leistung durch allgemeines Verkaufstraining?
- **F** Sollte die Schulung intern oder extern stattfinden?

UMFASSENDE FORTBILDUNG

Verkäufer werden leider oft als Fachkräfte angesehen, die nur ein paar Verkaufstechniken und Produktinformationen benötigen. Schicken Sie Ihr Verkaufspersonal auf Seminare über allgemeine Geschäftsgrundsätze und -praktiken. Der Verkäufer wird so z. B. die finanzielle Lage des Kunden bzw. seines Unternehmens besser verstehen. Solche Schulungen können auch dazu beitragen, dass effektivere Listen potenzieller Kunden erstellt werden können. Zusätzliche Grundkenntnisse im Marketing werden dazu beitragen, dass Verkäufer und Werbekampagnen des Unternehmens dieselbe Sprache sprechen.

FALLBEISPIEL

John wurde neuer Verkaufsleiter eines Unternehmens, das jeden Monat den schlechtesten Verkäufer feuerte. Als dies auch mit Alan geschah, wandte er sich an John und beklagte, dass selbst das Verkaufsgenie Jane in diesem schwierigen Verkaufsgebiet nicht reüssiert hätte. John erkannte, dass Alan von Training on the job und Betreuung (Coaching) profitieren würde, er schickte also Jane zu Alan, und sie begleitete ihn bei Kundenbesuchen, beobachtete, was er falsch machte, und sagte ihm, wie er es besser machen könne. Sie betreute ihn so lange, bis er schließlich einer der Besten war. John kombinierte fortan schwache Verkäufer mit Topverkäufern, um ähnliche Resultate zu erzielen. Verkaufsasse wurden zu Lehrern geschult, und Anreize (Incentives) dazu benutzt, sowohl Teamerfolge als auch Einzelleistungen zu belohnen. Johns Team verbesserte sich rasch, bis es schließlich alle anderen übertraf.

◄ **TEAMINTERNE SCHULUNG**
Der Verkaufsleiter hätte die brutale Praxis fortsetzen können, mit der das Unternehmen seine Verkäufer motivierte. Anstatt dessen hörte er auf einen Einwand und fand ein effektiveres System, das auf Schulung und Coaching innerhalb eines Teams basiert.

79 Engagieren Sie Experten, die von Ihnen besonders geschätzt werden.

▼ QUALIFIZIERTE SCHULUNG

Ein qualifizierter Schulungsleiter beherrscht eine Vielzahl von Themen, je nach Schulungsbedarf.

EXPERTEN EINSETZEN

Die Fachkenntnisse, die das Verkaufstraining bietet, sind umfangreicher als in jedem anderen Bereich des Managements. Zum Teil, weil viele Schulungen durchgeführt werden, zum Teil, weil sie stark praxisbezogen sind. Berufsorientiertes Fachwissen kann entweder über Experten direkt oder als Aufzeichnung für interne Schulungszwecke erworben werden. Das mag kostspielig erscheinen, wird sich jedoch durch eine unternehmensweit verbesserte Leistung bezahlt machen. Lernen Sie, andere zu schulen, denn Verkaufsleiter sollten auch gute Schulungsleiter sein.

Experte vermittelt Faustregeln und Tipps.

Verkäufer eignen sich Verkaufsgeschick durch Schulung an.

80 Schulen Sie alle Verkäufer in Grundsätzen des betrieblichen Finanzwesens, auch wenn sie sich mit Geldangelegenheiten wenig auskennen.

81 Ihr Team sollte fachlich immer up to date sein.

ROLLENSPIEL

Rollenspiele, bei denen man einmal als Verkäufer und dann als Käufer auftritt, sollen üben, bestimmte Situationen zu erkennen und adäquat zu reagieren. Jeder Käufertyp reagiert anders: Manche sind stets kauflustig, andere absolut unzugänglich. Wichtig ist auch, wie realistisch Sie und Ihr Team einschätzen, was Sie erreichen können. Käufer können in einfach zu erkennende Typen aufgeteilt werden (z. B. aggressiv oder argwöhnisch). Setzt man praktisch um, wie jeder von ihnen anzupacken ist, stellt man sicher, dass Verkaufschancen nicht missverstanden und keine Zeit verschwendet wird.

82 Notieren Sie, wer Betreuung benötigt, und sorgen Sie für geeignete Schulung.

83 Um effektiv zu sein, muss das Rollenspiel so realistisch wie möglich sein.

ROLLENTAUSCH
Verschiedene Verkaufsszenen nachzustellen ist eine angenehme Schulungsmethode. Dadurch ist es möglich, eine Reihe verschiedener Kundenreaktionen durchzuspielen.

BETREUUNG (COACHING)

Verkaufsgeschick kann nicht nur durch Schulung vermittelt werden. Der Coach bzw. Mentor muss den Verkäufer beim täglichen Einsatz begleiten, darf sich jedoch nicht einmischen. Es versteht sich eigentlich von selbst, dass die Coachingfähigkeiten eines Verkaufsleiters ebenso wichtig sind wie seine übrigen Verkaufsqualitäten. Wenn Sie sich darin verbessern, werden sich Ihre übrigen Qualitäten ebenfalls steigern. Ein guter Coach weiß, wie man sich jeweils auf eine Aufgabe konzentriert, und ersetzt mit Teambetreuung nicht die individuelle Betreuung.

84 **Lassen Sie den Ruhm dem Verkäufer, und er wird auf Sie abstrahlen.**

LEISTUNG ÜBERPRÜFEN

Überprüfen Sie die Leistung nach einer Schulung regelmäßig, und geben Sie immer wieder ein Feedback.

NICHT VERGESSEN

- Die konstruktive Darstellung verschiedener Verkaufsszenen kann Teil der Schulung sein.
- Vermeiden Sie, sich in eine Schulungssituation einzumischen.
- Schwächen der Teilnehmer sollten nicht harsch kritisiert werden.
- Gute Fortschritte sollten erkannt und Fehler notiert werden.
- Alles, was gut gemacht wurde, verdient ein Lob.

Verkäufer lernt aus konstruktivem Rat.

Verkaufsleiterin gibt Feedback.

LOHNENDES COACHING

Das Beispiel zeigt, dass es sich lohnt, Coaching eine Zeit lang in Teamarbeit zu integrieren. Zusammen mit einer effektiven Tagesplanung kann Coaching die Fähigkeiten und Produktivität des gesamten Teams verbessern.

FALLBEISPIEL

George übernahm die Leitung einer Verkaufstätigkeit, die weit unter dem Schnitt verlief, obwohl die Verkäufer gut ausgebildet und voller Begeisterung waren. Er analysierte die Verkaufsberichte und stellte fest, dass der Vormittag, eine ideale Zeit für Verkauf, für Besprechungen genutzt wurde. Er fand auch heraus, dass sich die Topverkäufer zusätzlich des Telefons bedienten, um neue Kunden ohne Voranmeldung anzurufen. Schulungen und Besprechungen wurden daraufhin auf den Nachmittag verlegt, der Vormittag zur gemeinsamen Arbeit mit dem Coach genutzt. George kombinierte leistungsstarke und schwache Verkäufer, um letzteren das Notwendige beizubringen, z.B. sich nicht für die aufgewendete Zeit zu entschuldigen, denn das Produkt war gut, »also sollte sich der Kunde eigentlich bei ihm bedanken«. Die Ergebnisse sprachen für sich.

TELEFONVERKAUF

Der Telefonverkauf muss stets allen anderen nicht verkaufsorientierten Tätigkeiten vorgehen wie z. B. Besuchsberichten und anderen Verwaltungsaufgaben. Die Anrufe müssen geplant und ihre Effizienz muss bewertet werden.

85 Analysieren Sie den Erfolg der Anrufe ständig.

ZIELGERICHTETE ANRUFE

Mehr Anrufe sollten auch mehr Aufträge einbringen, Sie müssen sich jedoch ein Ziel setzen, um die Anrufe effektiv zu gestalten. Wenn Sie versuchen, jemandem, der einen Staubsauger hat, noch einen zu verkaufen, werden Sie nicht sehr erfolgreich sein. Bei Großaufträgen wird ein Team weniger Anrufe tätigen, weil die Aufträge umfangreicher sind. In diesem Fall ist ein Mehr an Anrufen von vornherein zwecklos. Fragen Sie nach dem Verhältnis zwischen Aufträgen und Anrufen, um die Effizienz zu ermitteln.

ERGEBNISORIENTIERT ▶
Verkaufsmanagement ist wichtig, um Verkäufe zu kontrollieren. Jedoch nur, wenn es sich an den erzielten Ergebnissen orientiert. Teammitglieder müssen Ihre Anrufe dokumentieren und Ihnen Bericht erstatten.

Teammitglied hält Dauer und Ergebnis eines Anrufs fest.

1. **Addieren Sie die Zahl der Anrufe.**
2. **Ermitteln Sie die durchschnittliche Gesprächsdauer.**
3. **Ermitteln Sie, wie viel Prozent der Anrufe zum Kauf führten.**
4. **Kalkulieren Sie den durchschnittlichen Verkaufswert.**
5. **Ermitteln Sie die Effizienz der Anrufe anhand dieser Erhebung.**

▲ **ERFOLGSRATEN KALKULIEREN**
Kalkulieren Sie Erfolgsraten, um Zeitverlust oder sinnlose Anrufe zu vermeiden.

86 Wichtig ist, wie viele Anrufe zum Verkauf führen, nicht, wie lange die Gespräche dauern.

EFFIZIENZ DES TEAMS BEWERTEN

Das Verhältnis zwischen Aufträgen und Anrufen ist in den meisten Verkaufsteams verschieden. Der schlechteste Verkäufer muss dreimal so viele Anrufe tätigen wie der beste. Auch zwischen Teams und zwischen Abteilungen gibt es Unterschiede. Mit diesen Erkenntnissen können Sie die Leistung der Schlusslichter verbessern, bis sie ihre Zeit effektiver nutzen. Sie können die Durchschnittsquote erheblich steigern, indem schwächere Verkäufer erfolgreiche Methoden und Praktiken von Topverkäufern übernehmen. Deshalb sollten sie bei Anrufen ihrer erfolgreichen Kollegen zuhören.

PROBLEMLÖSUNG

Verkaufsleiter und Verkäufer müssen ihre Anrufe effektiv organisieren. Lobenswerte Taten wie etwa Problemlösungen könnten den Verkaufsleiter von seiner Hauptaufgabe ablenken, nämlich die Leistung der Kundengespräche insgesamt zu steigern. Er kann zwar erfolgreich eingreifen, eilt er jedoch zu jeder Problemquelle, verbraucht er zu viel Zeit. Jedes Problem muss adäquat behandelt werden. Greifen Sie nur bei gravierenden Situationen ein, und zwar erst dann, wenn der Verkäufer auch mit der nötigen Schützenhilfe nicht weiterkommt. In solchen Fällen wird die gemachte Erfahrung dem Einzelnen und dem Unternehmen zugute kommen.

87 Starverkäufer sollten Schlusslichter betreuen.

88 Greifen Sie nicht jedes Mal ein, wenn es brenzlig wird.

89 Verkäufer sollten Probleme weitgehend ohne Sie lösen können.

TUN UND LASSEN

- ✔ Achten Sie auf das Verhältnis zwischen Aufträgen und Anrufen.
- ✔ Analysieren Sie den Erfolg der Topverkäufer.
- ✔ Haben Sie Zeit für wichtige nicht verkaufsorientierte Aufgaben.
- ✗ Rufen Sie nur dann mehr Kunden an, wenn dies sinnvoll ist.
- ✗ Behandeln Sie Schlusslichter nicht als Versager.
- ✗ Versuchen Sie nicht, alle Probleme selbst zu lösen.

BELOHNUNGEN ANBIETEN UND ZIELE SETZEN

Sie zahlen Ihrem Team vielleicht ein Grundgehalt plus Prämie und Sonderzulage je nach erreichtem Verkaufsziel. Das richtige Ziel mit der richtigen Entlohnung bzw. Belohnung (Incentive) zu koppeln ist schwierig, aber darin liegt das Geheimnis, Ihr Team zu motivieren.

90 Prämien- und Incentivesysteme sollten einfach und transparent sein.

91 Ziele sollen Ehrgeiz wecken und erreichbar sein.

AUSGEWOGENE VERGÜTUNG

Die Vergütung nach Leistung besteht normalerweise aus einer Provision, obwohl manche Unternehmen nur ein festes Gehalt bezahlen. Man kann nicht sagen, was besser ist, beides hat Vor- und Nachteile. Ein festes Gehalt bringt keine Prämie für besondere Leistung, eine 100%ige Prämie jedoch bietet keine Sicherheit und bringt starke Ertragsschwankungen. Am besten man kombiniert Komponenten von festem Gehalt, Provision und Gruppenprämie.

Verkäufer wird für besondere Leistung belohnt.

Verkaufsleiterin bietet festes Gehalt plus Sonderzulage.

▼ DIE RICHTIGE KOMBINATION
Kombinieren Sie das feste Gehalt mit Provision und Gruppenprämie, um sowohl Sicherheit als auch zusätzlichen Anreiz für herausragende Leistung zu bieten.

Grundgehalt für Grundbedarf → **Provision für außergewöhnlichen Erfolg** → **Vergütung insgesamt mit Gruppenprämien**

▲ **VERGÜTUNGS-KOMPONENTEN**
Gruppenprämien sind eine wesentliche Zusatzeinnahmequelle für Verkäufer. Einzelprämien sind ausreichende finanzielle Extras, um Topverkäufer zu motivieren. Das Grundgehalt deckt den normalen Grundbedarf.

ZIELVORGABEN

In den meisten Unternehmen werden Verkäufer nach Leistung vergütet und haben höhere Zielvorgaben als andere Angestellte. Zielvorgaben sind wichtig, denn sie bedingen die Prämien. Beteiligen Sie die Verkäufer an der Bestimmung der Vorgaben, ob für normale oder außergewöhnliche Ziele, um ein schlüssiges Vergütungssystem zu schaffen. So können alle Ziele auf anspruchsvollem Niveau und entsprechend der Marktsituation bestimmt werden. Werden Ziele nicht erreicht, müssen Sie die Defizite anders ausgleichen. Verwechseln Sie nicht Zielvorgaben und Budget. Das Budget basiert auf einer wahrscheinlichen Entwicklung, während mit Zielvorgaben das Budget gerade erweitert werden soll.

92 Ihr Team sollte bei der realistischen Bestimmung der Ziele mitwirken.

ZIELVORGABEN ÜBERPRÜFEN

Nur Extraleistung wird extra belohnt. Wenn bereits eine Werbekampagne vom Unternehmen bezahlt wurde, bezahlen Sie sie nicht durch überflüssige Prämien doppelt. Leistungsorientierte Vergütung muss überprüft werden, um sich dem Wandel sowie dem Vergütungssystem der Wettbewerber anzupassen und um die Motivation zu steigern. Zu viele Änderungen destabilisieren jedoch Ihr Verkaufspersonal. Ziele und die damit verbundenen Anreize müssen unbedingt einfach und vernünftig sein. Manche Systeme sehen für Prämien eine Skala bis hinauf zu außergewöhnlichen Leistungsniveaus vor. Dies kann ernste Folgen haben: Verkäufer werden ermutigt, hohe Rabatte zu gewähren, um auf das außergewöhnliche Leistungsniveau zu kommen.

93 Zielvorgaben sollten überprüft, aber nur geringfügig verändert werden, es irritiert und demotiviert die Verkäufer.

LEISTUNGEN ANERKENNEN

Sie brauchen effektive Maßstäbe zur Leistungskontrolle Ihres Teams. Versuchen Sie, Erfolge und auch schlechte Leistungen so früh wie möglich zu erkennen, und schaffen Sie eine solide Grundlage für Prämien und Incentives.

94 **Überprüfen Sie Ihre Incentives regelmäßig.**

EINSATZ VON INCENTIVES

Provisionen und Zulagen werden in vielen Unternehmen noch durch Incentives ergänzt, eine Reise in die Karibik oder ein Sportwagen für ein Wochenende bis hin zur Mitgliedschaft in exklusiven »Super-Verkauf-Klubs«. Incentives können enormen Ansporn geben, jedoch nicht als Ersatz für gute Organisation, Schulung und Coaching oder tägliches Verkaufsmanagement dienen. Betrachten und verwenden Sie Incentives nur als eine Beigabe.

95 **Stellen Sie den Gewinn über den Absatz, um effektive Anreize zu geben.**

ERFOLGSKONTROLLE

Die regelmäßige Kontrolle der Verkaufsleistung ist unabdingbar für den Erfolg; sie effektiv auszuüben gehört zu Ihren Aufgaben als Verkaufsleiter. Achten Sie ständig auf verschiedene Erfolgsfaktoren, z. B. Marktposition, erwirtschafteter Gewinn, nicht nur auf das Verkaufsvolumen. Ziel der Verkaufstätigkeit insgesamt sind optimale Erträge und gleichzeitig die Stärkung der Position im Wettbewerb. Durch PCs kann diese Kontrolle heute einfacher und effizienter denn je und sogar täglich ausgeübt werden. Sobald Sie feststellen, dass Ziele und Leistungen nicht übereinstimmen, können Sie korrigierend eingreifen.

LEISTUNG ÜBERPRÜFEN

Für maximalen Gewinn und maximale Wettbewerbsstärke überprüfen Sie ständig folgende Faktoren:

- Erzielte Preise
- Bruttogewinnspanne
- Marktanteil des Unternehmens
- Verkaufskosten als Teil des Unternehmensgewinns
- Anzahl erfolgreicher Verkaufsabschlüsse Ihres Teams

UNGERECHTIGKEITEN VERMEIDEN

Verkaufserfolg ist sofort sicht- und messbar. Verkäufern können Erfolge, aber auch Misserfolge direkt zugerechnet werden. Manche Unternehmen feuern diejenigen, die bestimmte Quoten nicht erreichen, oder diejenigen, die am Ende des Monats das Schlusslicht bilden. Beide Praktiken sind kontraproduktiv. Die drohende Kündigung soll zwar motivieren, tatsächlich wird genau das Gegenteil erreicht. Diese Politik gilt als ungerecht, die Arbeitsmoral sinkt. Sie sollten lediglich die Leistungssteigerung des gesamten Teams verfolgen, schwächere Mitglieder also teilweise unterstützen.

96 Fordern Sie Ihr Team auf, sich stets weiter zu verbessern.

97 Erregen Sie Aufsehen für diejenigen, die bei Einzel- bzw. Mehrfachverkäufen exzellent abschneiden.

ERFOLG BELOHNEN

Zuckerbrot (finanzielle Zuwendungen) und Peitsche regeln normalerweise den Umgang mit Erfolgen und Misserfolgen. Beurteilen Sie die Leistung anhand von Kundenzufriedenheit und Verkaufsvolumen. Mit finanziellen Zuwendungen und Incentives kann man effektiv motivieren, sie reichen jedoch als alleinige Reaktion auf Erfolg nicht aus. Jeder Mensch braucht Anerkennung. Sagen Sie Ihrem Team, wie sehr Sie mit seiner Leistung zufrieden sind, und sparen Sie nicht mit besonderem Lob für besondere Leistung.

UMGANG MIT MISSERFOLG

Neben Erfolgen können auch immer wieder Misserfolge eintreten. Denken Sie daran, dass Misserfolg drei Hauptursachen haben kann:

- Es wurden die falschen Kunden angesprochen, Zielgruppen, die für Ihr Produkt nicht existieren.
- Der Kunde war richtig, aber Produkt bzw. Dienstleistung unzureichend.
- Der Verkäufer ist beim Verkauf gescheitert.

Sanktionen sind nur im dritten Fall sinnvoll. Sie müssen dennoch herausfinden, warum der Verkauf gescheitert ist.

WICHTIGE FRAGEN

F Fehlte es an Verkaufsqualitäten?

F Fehlte es an ausreichender Produktkenntnis?

F War der Kunde unzureichend informiert?

F Waren die Probleme persönlicher Natur?

F Ist der Verkäufer absolut untauglich?

VERKAUFSBESPRECHUNGEN

Besprechungen, Versammlungen und Seminare sind wichtig, um Teamgeist zu fördern, Erfolge zu feiern, Fortschritte zu dokumentieren, Kundenkontakte zu festigen und neue Pläne bekannt zu geben. Sie sind besonders fruchtbar, wenn die Teams dabei Feedback geben.

98 Analysieren Sie die jährliche Verkaufsbesprechung genau, und wenden Sie die Lehren an.

99 Ermöglichen Sie eine Zweiwegekommunikation.

100 Bilden Sie ein Team, das diese Bezeichnung verdient.

AUFTRIEB GEBEN

Die Atmosphäre einer Verkaufsbesprechung, ob gut oder schlecht, hängt von den letzten Verkaufsergebnissen ab. Es sollten jedoch nie Repressalien in der Luft liegen. Konstruktive Kritik und eine objektive Analyse der Ursachen für Misserfolge können Verkäufer motivieren und den Wunsch wecken, es in Zukunft besser zu machen. Leistungsvorgaben, Anerkennung und Belohnung sind weit wichtiger. Richten Sie den Blick in die Zukunft, besonders, um den Leuten Auftrieb zu geben. Geben Sie ihnen das Gefühl, Teil eines Teams zu sein, das trotz Rückschlägen letzten Endes reüssiert.

FALLBEISPIEL

Anna, die für den Verkauf in den USA zuständig war, wurde von der Verkaufszentrale in England regelmäßig dafür gerügt, ihre vierteljährlichen Absatzprognosen nicht zu erfüllen. Gab sie aber niedrigere Prognosen ab, erhöhte sich noch der Druck auf sie. Anna rief ihre Verkäufer zu einer Krisenbesprechung zusammen, um einen Ausweg zu finden. Das Team beschloss, sich in den nächsten drei Monaten noch mehr ins Zeug zu legen.

Danach wurde der Druck jedoch noch größer. Alle waren sich einig, dass dreimonatige Prognosen bei einem Produktzyklus von drei Jahren völlig sinnlos waren, und sie damit keine neuen Kunden gewannen. Sie kamen überein, dass sie den Schwerpunkt auf einen Drei-Jahres-Plan legen sollten, der in jährliche Zielvorgaben aufgeteilt würde. Die Verkaufszentrale war einverstanden, es gab mehr Neuabschlüsse und der Druck auf Anna ließ nach.

◀ EINE LÖSUNG FINDEN

Anna hatte mit der Verkaufszentrale ein Problem. Indem sie sich mit ihrem Team zusammensetzte, um gemeinsam eine Lösung zu finden, konnte sie eine spezielle Lösung für ihren Bereich erarbeiten, die auch den Anforderungen der Zentrale genügte.

DIE JÄHRLICHE VERKAUFSBESPRECHUNG

Meistens findet einmal im Jahr eine interne Verkaufsbesprechung statt, die dazu dient, in feierlichem Rahmen und mit mahnenden Worten die Moral zu heben und zu motivieren; nicht aber, die Verkaufsqualitäten zu verbessern. Es gibt Gastredner aus Wirtschaft oder Sport. Alles dreht sich meistens nur um Prämien. Und meist wird so die wertvolle Gelegenheit vertan, die Präsenz der gesamten Verkaufsmannschaft richtig zu nutzen. Legen Sie geschäftsorientierte Ziele fest, und befassen Sie sich bei dieser Veranstaltung auch mit Schulungsbedarf, Zielerreichung und damit, den Leuten gute Zukunftsperspektiven innerhalb eines erfolgreichen Teams zu geben.

DAS TEAM STÄRKEN

Verkauf ist eine soziale Handlung, der soziale Aspekt muss jedoch mit klaren Geschäftszielen vereint und darauf ausgerichtet werden, diese Ziele zu realisieren.

KUNDEN EINLADEN

Sie sollten auch Kunden zu solchen Veranstaltungen einladen, um deren Vertrauen in das Verkaufspersonal zu festigen. Ihr Unternehmen hat ferner die Möglichkeit, sich bezüglich wichtiger Themen kompetent zu präsentieren (ein Unternehmen der Telekommunikation kann so z. B. ein Seminar über die Nutzung des Internets ausrichten). Verkäufer und Kunden kommunizieren miteinander. Die Auswahl der Redner wird die Kunden davon überzeugen, dass auch Ihr Produkt bzw. Ihre Dienstleistung erste Wahl ist. Stellen Sie Ihr Verkaufsinteresse jedoch zu sehr in den Vordergrund, verfehlen Sie den Zweck der Veranstaltung. Dies können Sie später mit Nachfassaktionen noch nachholen.

101 Durch Seminare können Sie das Vertrauen der Kunden in Ihr Unternehmen stärken.

IHRE VERKAUFSFÄHIGKEITEN

Verkauf ist in vielen Bereichen des Managements der Grundstein zum Erfolg. Sorgen Sie dafür, dass Ihre Verkaufsqualitäten durch Fortbildung und Praxis immer effektiv und up to date sind. Mit diesem Fragebogen können Sie die Qualität Ihrer Verkaufsleistung testen und sehen, was Sie noch verbessern sollten. Zählen Sie die Punkte zusammen, und lesen Sie die entsprechende Auswertung. Kreuzen Sie für »Nie« Kästchen 1 an, für »Immer« Kästchen 4 usw.

ANTWORTEN

1 Nie

2 Manchmal

3 Oft

4 Immer

1 Ich erstelle einen Verkaufsplan, bevor ich potenzielle Kunden kontaktiere.

1 2 3 4

2 Ich entwickle Verkaufsstrategien und vergleiche Aktivitäten mit dem Gesamtplan.

1 2 3 4

3 Ich lege Wert darauf, neue Verkaufsqualitäten und Techniken zu erwerben.

1 2 3 4

4 Ich nutze bei Organisation und Verkauf die Informationstechnologien.

1 2 3 4

5 Ich notiere, wie ich meine Zeit verbringe, um sie noch effektiver zu nutzen.

1 2 3 4

6 Ich ermittle Kundenbedürfnisse, um meine Strategie entsprechend anzupassen.

1 2 3 4

7 Ich bereite mich auf eine Verkaufsbesprechung oder ein Gespräch sorgfältig vor.

1 2 3 4

8 In einem Unternehmen kontaktiere ich den richtigen Ansprechpartner.

1 2 3 4

9 Ich recherchiere Informationen über den Kunden und die Branche.

1 2 3 4

10 Ich gestalte meine Kundengespräche freundlich, rege und zielorientiert.

1 2 3 4

11 Ich setze die besten Techniken ein, Verkaufserfolge telefonisch zu erzielen.

1 2 3 4

12 Ich verfasse Schreiben sorgfältig und verbessere ständig meinen Stil.

1 2 3 4

13 Bei Verhandlungsvorbereitungen versetze ich mich in die Lage des Kunden.

1 2 3 4

14 Ich beende eine Präsentation positiv, um zum Kauf zu motivieren.

1 2 3 4

15 Ich bitte bei Präsentationen um Feedback, um meine Effektivität zu erhöhen.

1 2 3 4

16 Ich passe meine Verkaufsstrategie der Kundenreaktion an.

1 2 3 4

17 Ich bin ehrlich, auch wenn die Wahrheit dem Kunden nicht immer gefällt.

1 2 3 4

18 Ich versuche, das Argument zu finden, das den Kunden zum Kauf bewegt.

1 2 3 4

19 Ich bringe die andere Partei dazu, ihre Preisvorstellung als Erste zu nennen.

1 2 3 4

20 Ich betone das Preis-Leistungs-Verhältnis, nicht nur den Preis.

1 2 3 4

21 Wenn ich einen Verkauf abschließe, sind beide Seiten damit zufrieden.

1 2 3 4

22 Ich versuche, alle denkbaren Einwände des Kunden zu antizipieren.

1 2 3 4

23 Ich reagiere rasch auf Anfragen oder Reklamationen jedes Kunden.

1 2 3 4

24 Über Feedback erfahre ich, dass meine Kunden mit dem Kauf zufrieden sind.

1 2 3 4

25 Ich belaste andere Verkäufer nicht mit bürokratischen Zwängen.

1 2 3 4

26 Ich bilde mich fort, um meine Fähigkeiten und die des Teams zu verbessern.

1 2 3 4

27 Ich bringe Techniken von Topverkäufern auch weniger Begabten nahe.

1 2 3 4

28 Ich überlasse jüngeren Verkäufern bei Kundenbesuchen die Zügel.

1 2 3 4

29 Ich überprüfe Zielvorgaben stetig, um die Leistung meiner Leute zu steigern.

1 2 3 4

30 Ich greife nur bei wirklich gravierenden Problemen persönlich ein.

1 2 3 4

31 Ich betrachte und behandle mein Team als gleichgestellt.

1 2 3 4

32 Ich stelle sicher, dass mein Team für gute Leistung auch adäquat belohnt wird.

1 2 3 4

AUSWERTUNG

Zählen Sie die Punkte zusammen, und lesen Sie die entsprechende Auswertung.

32–63: Der Mangel an Verkaufsqualitäten und ausreichender Praxis muss sich unweigerlich auf Ihre Leistung auswirken und gefährdet möglicherweise Ihren Job. Fangen Sie sofort damit an, die Lektionen dieses Buches umzusetzen.

64–95: Sie haben beträchtliche Fortschritte gemacht, und Ihre Leistung ist sicher nicht schlecht, Sie haben Ihre Ziele jedoch noch nicht hoch genug gesteckt. Strengen Sie sich weiterhin an, die in diesem Test ermittelten Defizite zu verbessern, und zwar so lange, bis Sie die nächsthöhere Auswertungskategorie erreichen.

96–128: Sie sind ein begabter und effizienter Verkäufer. Arbeiten Sie jedoch weiterhin daran, Ihre Fähigkeiten zu verbessern, um an der Spitze zu bleiben.

REGISTER

DANK

DANK DES AUTORS

Dieses Buch verdankt seine Entstehung den vielfältigen Anregungen von Stephanie Jackson und Nigel Duffield von Dorling Kindersley; besonders bedanken möchte ich mich für ihre Sachkenntnis und ihre Begeisterung bei Jane Simmonds, aber auch bei allen, die im Bereich Lektorat und Design an diesem Projekt mitgearbeitet haben. Besonderer Dank gebührt auch den vielen Kollegen, Freunden und anderen wichtigen Personen aus dem Bereich der Management-Literatur, auf deren Rat und Informationen ich immer wieder zurückgreifen konnte.

DANK DES VERLAGS

Dorling Kindersley dankt folgenden Beteiligten für ihre Hilfe und Unterstützung:

Lektorat Alison Bolus, Michael Downey, Nicola Munro, Jane Simmonds, Sylvia Tombesi-Walton; **Register** Hilary Bird.

Gestaltung Pauline Clarke, Jamie Hanson, Tish Mills, Nigel Morris, Laura Watson.

DTP-Assistenz Rob Campbell.

Fotos Steve Gorton; **Foto-Assistenz** Nici Harper, Andy Komorowski.

Fotomodelle Jane Cooke, Felicity Crow, Miles Elliot, John Gillard, Ben Glickman, Richard Hill, Cornell John, Chantell Newell, Mutsumi Niwa, Mary Jane Robinson, Kiran Shah, Suki Tan, Peter Taylor, Gilbert Wu.

Make-up Debbie Finlow, Janice Tee.

Bezugsquellen Austin Reed, Bally, Church & Co., Clark Davis & Co. Ltd, Compaq, David Clulow Opticians, Elonex, Escada, Filofax, Gateway 2000, Geiger Brickel, Jones Bootmakers, Moss Bros, Mucci Bags, Staverton. Dank an Tony Ash von Geiger Brickel (Büromöbel) und Carron Williams von Bally (Schuhe).

Bildrecherche Andy Sansom; **Assistenz Bildrecherche** Sue Hadley, Rachel Hilford, Denise O'Brien, Melanie Simmonds.

BILDNACHWEISE

Legende: *o* = oben, *u* = unten, *m* = Mitte, *l* = links, *r* = rechts,
Powerstock / Zefa 31, 65; **The Stockmarket** Jon Feingersh 45;
Telegraph Colour Library 20; **Tony Stone Images** Stewart Cohen 12, Peter Correz 19.

DER AUTOR

Robert Heller ist eine bedeutende Kapazität in der Welt des Management-Beratungswesens und war Mitbegründer von Großbritanniens Top-Management-Magazin *Management Today*. Er hält Vorträge auf vielen Konferenzen in Europa, Nord- und Südamerika und im Fernen Osten. Seine Bücher, die in mehrere Sprachen übersetzt wurden, sind internationale Bestseller. Bei Dorling Kindersley erschien von ihm »Erfolgreiches Management – Das Praxishandbuch«.